Traduzidos dos respectivos originais, com introduções e notas explicativas, esta colecção põe o leitor em contacto com textos marcantes da história da filosofia.

# Ensaio sobre os Dados Imediatos da Consciência

TÍTULO ORIGINAL
*Essai sur les données immédiates de la conscience*



TRADUÇÃO
João da Silva Gama

REVISÃO
Victor Silva

DESIGN DE CAPA
FBA

DEPÓSITO LEGAL Nº 324492/011

Biblioteca Nacional de Portugal - Catalogação na Publicação

BERGSON, Henri, 1859-1941

Ensaios sobre os dados imediatos da consciência. - Reimp. -
(Textos filosóficos ; 16)

ISBN 978-972-44-1370-9

CDU 159.9
141

IMPRESSÃO E ACABAMENTO
DPS - DIGITAL PRINTING SERVICES, LDA
para
EDIÇÕES 70, LDA.
Março de 2018
(1988)

ISBN da 1ª edição: 972-44-0227-4



EDIÇÕES 70, Lda.
Av. Engenheiro Arantes e Oliveira, n.º 11 - 3.º C
1900-221 Lisboa / Portugal
Telefs.: 213190240 – Fax: 213190249 e-mail: geral@edicoes70.pt

**www.edicoes70.pt**

Henri Bergson

# Ensaio sobre os Dados Imediatos da Consciência

70

*A JULES LACHELIER*

Membro do Instituto
Inspetor-geral da Instrução Pública

*Respeitosa Homenagem*

# Prefácio

*Exprimimo-nos necessariamente por palavras e pensamos quase sempre no espaço. Isto é, a linguagem exige que estabeleçamos entre as nossas ideias as mesmas distinções nítidas e precisas, a mesma descontinuidade, que entre os objectos materiais. Esta assimilação é útil na vida prática e necessária na maioria das ciências. Mas poder-se-ia perguntar se as dificuldades insuperáveis que certos problemas filosóficos levantam não advêm de teimarmos em justapor no espaço fenómenos que não ocupam espaço e se, por vezes, não lhes poríamos termo se abstraíssemos das grosseiras imagens em torno das quais se polemiza. Quando uma tradução ilegítima do inextenso em extenso, da qualidade em quantidade, instalou a contradição no próprio seio da questão levantada, será de espantar que a contradição se encontre nas soluções dadas?*

*De entre os problemas, escolhemos aquele que é comum à metafísica e à psicologia, o problema da liberdade. Tentamos estabelecer que toda a discussão entre os deterministas e os seus adversários implica uma confusão prévia entre a duração e a extensão, a sucessão e a simultaneidade, a qualidade e a quantidade: dissipada esta confusão, talvez desaparecessem as objeções levantadas contra a liberdade, as definições que dela se dão e, em certo sentido, o próprio problema da liberdade. Esta demonstração é o tema da terceira parte do nosso trabalho: os dois primeiros capítulos, onde se estudam as noções de intensidade e de duração, foram escritos para servir de introdução ao terceiro.*

*Fevereiro 1888.*
*H. B.*

## Capítulo 1

# Da intensidade dos estados psicológicos

Normalmente, admite-se que os estados de consciência, sensações, sentimentos, paixões, esforços, são suscetíveis de crescer e diminuir; há até os que defendem que uma sensação se pode dizer duas, três, quatro vezes mais intensa do que outra da mesma natureza. Examinaremos mais adiante esta última tese, que é a dos psicofísicos, mas os próprios adversários da psicofísica não vêm nenhum inconveniente em falar de uma sensação mais intensa do que outra, de um esforço maior do que outro, e em determinar assim as diferenças de quantidade entre os estados puramente internos. O senso comum pronuncia-se, aliás, sem a menor hesitação sobre este ponto. Diz-se que temos mais ou menos calor, que estamos mais ou menos tristes, e esta distinção do mais e do menos, mesmo quando se estende à região dos factos subjetivos e das coisas inextensas, não surpreende ninguém. Contudo, há aqui um ponto muito obscuro e um problema muito mais grave do que geralmente se imagina.

Quando se afirma que um número é maior do que outro ou um corpo maior do que outro, sabemos perfeitamente de que se trata. É que nestes dois casos se trata de espaços desiguais, como o demonstraremos em pormenor um pouco mais adiante, chamando-se maior espaço ao que contém o outro. Mas como é que uma sensação mais intensa conterá uma sensação de menor intensidade? Dir-se-á que a primeira implica a segunda, que se atinge a sensação de intensidade superior apenas na condição de se ter passado primeiro pelas intensidades inferiores da mesma sensação e que aqui ainda há, em certo sentido, uma relação de continente a conteúdo? Esta concepção da grandeza intensiva parece ser a do senso comum, mas não se pode propô-la como explicação filosófica sem cair num verdadeiro círculo vicioso. É incontestável que um número supera outro quando figura junto dele na série natural dos números, mas se pudemos dispor os números por ordem crescente é precisamente porque existem entre eles relações de continente a conteúdo e nos sentimos capazes de explicar com precisão em que sentido um é maior do que o outro. A questão é, pois, saber como conseguimos formar uma série deste género com intensidades, que não são coisas que possam sobrepor-se, e com que sinal reconhecemos que os termos desta série crescem, por exemplo, em vez de diminuir, o que equivale sempre a interrogarmo-nos porque é que uma intensidade é assimilável a uma grandeza.

É fugir à dificuldade distinguir, como habitualmente se faz, duas espécies de quantidade, a primeira extensiva e mensurável, e a segunda intensiva, que não comporta a medida, mas de que, apesar de tudo, se pode dizer que é maior ou menor do que outra intensidade, pois reconhece-se deste modo que há algo de comum nestas duas formas de grandeza, já que lhes chamamos grandezas tanto a uma como a outra e declaramos serem igualmente suscetíveis de aumento e diminuição. Mas que poderá haver de comum, do ponto de vista da grandeza, entre o extensivo e o intensivo, entre o extenso e o inextenso? Se, no primeiro caso, chamamos maior quantidade à que contém a outra, porque falar ainda de quantidade e de grandeza quando já não há continente nem conteúdo? Se uma quantidade pode crescer e diminuir, se nela deparamos, por assim dizer, com o *menos* dentro do *mais*, não será por isso mesmo divisível, por isso mesmo extensa? E não há então contradição em falar de quantidade inextensiva? Contudo, o senso comum está de acordo com os filósofos em transformar em grandeza uma intensidade pura, tal como uma extensão. E não empregamos apenas a mesma palavra, mas quer pensemos numa intensidade maior, quer se trate de uma maior extensão, experimentamos uma impressão análoga nos dois casos. Os termos «maior» e «menor» evocam, de facto, nos dois casos a mesma ideia. Se agora nos perguntarmos em que consiste esta ideia, é a imagem de um continente e de um conteúdo que a consciência nos oferece ainda. Representamos uma maior intensidade de esforço, por exemplo, como um maior comprimento de fio enrolado, como uma mola, que ao esticar-se ocupará um espaço maior. Na ideia de intensidade, e até na palavra que a traduz, encontraremos a imagem de uma contração presente e, por conseguinte, uma dilatação futura, a imagem de uma extensão virtual e, se assim pudéssemos dizer, de um espaço comprimido. É preciso, pois, acreditar que traduzimos o intensivo em extensivo e que a comparação de duas intensidades se faz, ou pelo menos se exprime, pela intuição confusa de uma relação entre duas extensões. Mas é a natureza desta operação que parece difícil de determinar.

A solução que imediatamente se apresenta ao espírito, uma vez empenhado nesta via, consistiria em definir a intensidade de uma sensação ou de qualquer estado do eu pelo número e pela grandeza das causas objetivas, e, por consequência, mensuráveis, que lhe deram origem. É incontestável que uma sensação mais intensa de luz é a obtida ou a obter mediante o maior número de fontes luminosas, supostas à mesma distância e idênticas entre si. Mas na imensa maioria dos casos, pronunciamo-nos sobre a intensidade do efeito mesmo sem conhecermos a natureza da causa e, por maioria de razão, a sua grandeza: é a própria intensidade do efeito que nos leva, muitas vezes, a aventurar uma hipótese quanto ao número e à natureza das causas, e a corrigir assim o juízo dos nossos sentidos, que, à primeira vista, no-las apresentavam insignificantes. Em vão se alegará que comparamos então o estado atual do eu com qualquer estado anterior, em que a causa foi integralmente percecionada ao mesmo tempo que se experimentava o efeito. Sem dúvida, é assim que procedemos em muitíssimos casos. Todavia, então não se explicam as diferenças de intensidade que estabelecemos entre os factos psicológicos profundos que provêm de nós e não de uma causa externa. Por outro lado, nunca nos pronunciamos com tanta ousadia sobre a intensidade de um estado psíquico como quando unicamente somos abalados pelo aspeto subjetivo do fenómeno, ou a causa exterior a que o atribuímos dificilmente pode ser medida. Assim, parece-nos evidente que experimentamos uma dor mais intensa quando nos arrancam um dente do que um cabelo; o artista sabe, e disto não tem dúvida, que um quadro de mestre lhe proporciona um prazer muito mais intenso do que um cartaz comercial; e não é necessário ter alguma vez ouvido falar das forças de coesão para afirmar que se despende menos esforço em dobrar uma lâmina de aço do que em vergar uma barra de ferro. Deste modo, a comparação de duas intensidades faz-se quase sempre sem a menor avaliação do número das causas, do seu modo de ação e da sua extensão.

É verdade que ainda há lugar para uma hipótese da mesma natureza, mas mais subtil. Sabemos que as teorias mecânicas, e sobretudo cinéticas, tendem a explicar as propriedades aparentes e sensíveis dos corpos mediante movimentos muito definidos das suas partes elementares e que alguns preveem o momento em que as diferenças intensivas das qualidades, isto é, das nossas sensações, se reduzirão às diferenças extensivas entre as mudanças que se levem a cabo por trás delas. Não se poderá sustentar que, sem conhecermos estas teorias, temos delas um vago pressentimento, que sob o som mais intenso adivinhamos uma vibração mais ampla propagando-se no meio sacudido e que aludimos a esta relação matemática muito precisa, ainda que confusamente apercebida, ao afirmarmos que um som apresenta uma intensidade superior? Sem ir tão longe, não se poderia estabelecer que, em princípio, todo o estado de consciência corresponde a um determinado abalo das moléculas e átomos da substância cerebral e que a intensidade de uma sensação mede a amplitude, a complicação ou a extensão destes movimentos moleculares? Esta última hipótese é pelo menos tão verosímil como a outra, mas não resolve melhor o problema. É possível que a intensidade de uma sensação demonstre um trabalho mais ou menos considerável levado a cabo no nosso organismo, mas é a sensação que nos é fornecida pela consciência, e não este trabalho mecânico. É até pela intensidade da sensação que estimamos a maior ou menor quantidade de trabalho produzido: a intensidade é, pelo menos aparentemente, uma propriedade da sensação. E põe-se sempre a mesma pergunta: porque dizemos nós de uma intensidade superior que ela é maior? Porque pensamos numa maior quantidade ou num espaço maior?

Talvez a dificuldade do problema derive sobretudo do facto de darmos o mesmo nome e representarmos da mesma maneira intensidades de natureza muito diferente, a intensidade de um sentimento, por exemplo, e a de uma sensação ou de um esforço. O esforço é acompanhado de uma sensação muscular e as próprias sensações ligam-se a certas condições físicas que verosimilmente contribuem de alguma forma para a apreciação da sua intensidade. São fenómenos que ocorrem à superfície da consciência e se associam sempre, como veremos mais adiante, à perceção de um movimento ou de um objeto exterior. Mas certos estados de alma parecem-nos, com ou sem razão, bastarem-se a si próprios, como é o caso das alegrias e das tristezas profundas, das paixões refletidas e das emoções estéticas. A intensidade pura deve definir-se mais facilmente nestes casos simples, em que não parece intervir nenhum elemento extensivo. Efetivamente, vamos ver que ela se reduz a uma certa qualidade ou matiz de que se reveste uma quantidade mais ou menos considerável de estados psíquicos ou, se preferirmos, ao maior ou menor número de estados simples que penetram a emoção fundamental.

Por exemplo, um desejo obscuro torna-se pouco a pouco uma paixão profunda. Vereis que a fraca intensidade deste desejo consistia, primeiro, no facto de vos parecer isolado e como que estranho a todo o resto da vossa vida interna. Mas, pouco a pouco, penetrou num maior número de elementos psíquicos, tingindo-os, por assim dizer, com a sua própria cor, e eis que o vosso ponto de vista sobre o conjunto das coisas vos parece agora ter mudado. Não é verdade que vos apercebeis de uma paixão profunda, uma vez contraída, em virtude de os mesmos objetos já não produzirem em vós a mesma impressão? Todas as vossas sensações, todas as vossas ideias vos parecem renovadas. É como uma nova infância. Experimentamos algo semelhante em certos sonhos, em que não imaginamos nada de extraordinário, mas através deles ressoa, porém, não sei que nota original. É que, quanto mais se desce nas profundidades da consciência, menos se tem o direito de tratar os factos psicológicos como coisas que se justapõem. Quando se diz que um objeto ocupa um grande espaço na alma, ou até que a ocupa totalmente, apenas se deve entender com isso que a sua imagem modificou o matiz de mil perceções ou recordações e que neste sentido as penetra, apesar de não se deixar ver. Mas esta representação completamente dinâmica repugna à consciência reflexa, porque gosta das distinções bem demarcadas, que sem dificuldade se exprimem com palavras, e das coisas com contornos muito definidos, como as percecionadas no espaço. Irá supor, portanto, que, permanecendo idêntico tudo o mais, um certo desejo passou por grandezas sucessivas. Como se pudéssemos ainda falar de grandeza onde não existe nem multiplicidade nem espaço! E assim como a veremos concentrar num dado ponto do organismo, para as transformar num esforço de intensidade crescente, as contrações musculares cada vez mais numerosas que se efetuam à superfície do corpo, assim também ela fará cristalizar à parte, sob a forma de um desejo que se avoluma, as modificações progressivas ocorridas na massa confusa dos factos psíquicos coexistentes. Mas é mais uma mudança de qualidade do que de grandeza.

O que faz da esperança um prazer tão intenso é que o futuro, que está à nossa disposição, nos surge ao mesmo tempo sob uma imensidão de formas, igualmente risonhas, igualmente possíveis. Ainda que a mais desejada se realize, é preciso sacrificar as outras, e teremos perdido muito. A ideia do futuro, prenhe de uma infinidade de possíveis, é pois mais fecunda do que o próprio futuro, e é por isso que há mais encanto na esperança do que na posse, no sonho do que na realidade.

Procuremos destrinçar em que consiste uma intensidade crescente de alegria ou de tristeza, nos casos excecionais em que não intervém nenhum sintoma físico. A alegria interior também não é, como a paixão, um facto psicológico isolado que começaria por ocupar um canto da alma e conquistaria terreno pouco a pouco. No seu grau mais baixo, assemelha-se bastante a uma orientação dos nossos estados de consciência no sentido do futuro. Depois, como se esta atração diminuísse o seu peso, as nossas ideias e sensações sucedem-se com maior rapidez; os nossos movimentos já não nos custam tanto. Por fim, na alegria extrema, as nossas perceções e recordações adquirem uma qualidade indefinível, comparável a um calor ou a uma luz, e tão nova que, em certos momentos, ao refletirmos sobre nós mesmos, experimentamos como que um espanto por existirmos. Assim, há várias formas características de alegria puramente interior, tantas quantas as etapas sucessivas que correspondem a modificações qualitativas da massa dos nossos estados psicológicos. Mas o número de estados que cada uma destas modificações atinge é mais ou menos considerável e, embora não os contemos explicitamente, sabemos bem se a nossa alegria penetra todas as nossas impressões do dia, por exemplo, ou se algumas ficam de fora. Estabelecemos assim pontos de divisão no intervalo que separa duas formas sucessivas da alegria e este caminhar gradual de uma para outra faz que nos surjam, por sua vez, como as intensidades de um só e mesmo sentimento que mudasse de grandeza. Facilmente se mostraria que os diferentes graus da tristeza também correspondem a mudanças qualitativas. Começa por ser apenas uma orientação para o passado, um empobrecimento das nossas sensações e ideias, como se cada uma delas se conservasse agora inteira no pouco que ela proporciona, como se o futuro nos estivesse de algum modo vedado, e termina numa impressão de esmagamento, que nos leva a aspirar ao nada e a que cada nova desgraça, ao fazer-nos compreender melhor a inutilidade da luta, nos cause um prazer amargo.

Os sentimentos estéticos proporcionam-nos exemplos ainda mais impressionantes da intervenção progressiva de elementos novos, visíveis na emoção fundamental, e que parecem aumentar-lhes a grandeza, embora se limitem a modificar-lhes a natureza. Consideremos o mais simples, o sentimento da graça. Primeiramente, é apenas a perceção de um certo desembaraço, de uma certa facilidade nos movimentos exteriores. E como movimentos fáceis são os que se preparam uns aos outros, acabamos por encontrar um desembaraço superior nos movimentos que se faziam prever, nas atitudes presentes onde estão indicadas e como que pré-formadas as atitudes futuras. Se os movimentos bruscos não têm graça, é porque cada um deles se basta a si próprio e não anuncia os que se lhes segue.

Se a graça prefere as curvas às linhas quebradas é porque a linha curva muda de direção em cada momento, mas estando cada nova direção indicada na precedente. A perceção de uma facilidade de movimentos vem, pois, fundir-se aqui com o prazer de travar de algum modo a marcha do tempo e de segurar o futuro no presente. Um terceiro elemento intervém quando os movimentos graciosos obedecem a um ritmo e são acompanhados pela música. O ritmo e o compasso, ao permitirem-nos prever ainda melhor os movimentos do artista, levam-nos desta vez a acreditar que somos deles senhores. Porque quase adivinhamos a atitude que vai tomar, parece que nos obedece, quando de facto a toma; a regularidade do ritmo estabelece entre ele e nós uma espécie de comunicação e os retornos periódicos do compasso são outros tantos fios invisíveis com que fazemos atuar este títere imaginário. Ainda que pare momentaneamente, a nossa mão impaciente não pode impedir-se de se mover como que para o empurrar e recolocar dentro do movimento, cujo ritmo se tornou todo o nosso pensamento e toda a nossa vontade. No sentimento do gracioso entrará, portanto, uma espécie de simpatia física e, ao analisar o encanto desta simpatia, vereis que vos agrada pela sua afinidade com a simpatia moral, cuja ideia é por ela subtilmente sugerida. Este último elemento, em que os outros vêm fundir-se depois de o terem de algum modo anunciado, explica o irresistível atrativo da graça: não compreenderíamos o prazer que nos causa, se se reduzisse a uma economia de esforço, como pretende Spencer ([1]). Mas a verdade é que julgamos deslindar em tudo o que é muito gracioso, além da leveza que é sinal de mobilidade, a indicação de um movimento possível em direção a nós, de uma simpatia virtual, ou mesmo nascente. É esta simpatia móvel, sempre a ponto de se dar, que é a própria essência da graça suprema. Assim, as crescentes intensidades do sentimento es-

---

([1]) *Essai sur le progrès* (trad. fr.), p. 283.

tético resolvem-se aqui em outros tantos sentimentos diversos, cada um dos quais, anunciado já pelo precedente, se torna visível e a seguir o eclipsa definitivamente. É este progresso qualitativo que interpretamos no sentido de uma mudança de grandeza, porque gostamos das coisas simples e porque a nossa linguagem está mal feita para traduzir as subtilezas da análise psicológica.

Para compreender como o sentimento do belo admite graus, seria necessário submetê-lo a uma análise minuciosa. Talvez a dificuldade que se experimenta em o definir derive principalmente do facto de se considerarem anteriores às da arte as belezas da natureza: os processos da arte não são então mais do que meios pelos quais o artista exprime o belo, mas a essência do belo permanece misteriosa. Mas poder-se-ia perguntar se a natureza é bela sem ser pelo feliz encontro de certos processos da nossa arte e se, em certo sentido, a arte não precederia a natureza. Mesmo sem ir tão longe, parece mais conforme às regras de um método correto estudar primeiramente o belo nas obras onde foi produzido por um esforço consciente e, seguidamente, descer por transições insensíveis da arte até à natureza, que é artista à sua maneira. Colocando-nos neste ponto de vista, aperceber-nos-emos, pensamos nós, de que o objetivo da arte é adormecer as potências ativas, ou melhor, resistentes, da nossa personalidade e levar-nos assim a um estado de docilidade perfeita em que realizamos a ideia que nos é sugerida, em que simpatizamos com o sentimento expresso. Nos processos da arte encontraremos, sob uma forma atenuada, purificados e de alguma maneira espiritualizados, os processos pelos quais normalmente se obtém o estado de hipnose. Assim, na música, o ritmo e o compasso suspendem a circulação normal das nossas sensações e ideias, fazendo oscilar a nossa atenção entre pontos fixos, e apoderam-se de nós com tal força que a imitação, ainda que infinitamente discreta, de uma voz que geme bastará para nos encher de uma extrema tristeza. Se os sons musicais agem mais poderosamente sobre nós do que os da natureza é porque a natureza se limita a exprimir sentimentos, ao passo que a música no-los sugere. Donde vem o encanto da poesia? O poeta é aquele para quem os sentimentos se desdobram em imagens e as próprias imagens em palavras, dóceis ao ritmo, para os traduzir. Vendo repassar diante dos nossos olhos estas imagens, experimentaremos da nossa parte o sentimento que, por assim dizer, é o seu equivalente emocional, mas estas imagens não se realizariam tão fortemente para nós sem os movimentos regulares do ritmo, pelo qual a nossa alma, embalada e adormecida, se esquece, como num sonho, para pensar e ver com o poeta. As artes plásticas obtêm um efeito do mesmo género pela fixidez que de súbito impõem à vida e que um contágio físico comunica à atenção do espectador. Se as obras da estatuária antiga exprimem emoções leves, que mal as afloram como uma brisa, em contrapartida, a pálida imobilidade da pedra empresta ao sentimento expresso, ao movimento iniciado, não sei quê de definitivo e eterno, em que o nosso pensamento se absorve e a vontade se perde. Na arquitetura, no próprio âmago desta imobilidade surpreendente, encontrar-se-iam alguns efeitos análogos aos do ritmo. A simetria das formas e a repetição indefinida do mesmo motivo arquitetónico fazem que a nossa faculdade de perceber oscile do mesmo ao mesmo e se desabitue das incessantes mudanças que, na vida diária, continuamente nos transportam à consciência da nossa personalidade: a indicação, ainda que ligeira, de uma ideia bastará então para encher por completo com ela a nossa alma. A arte visa assim, mais do que expressar, imprimir em nós sentimentos; sugere-os, prescindindo facilmente da imitação da natureza quando depara com meios mais eficazes. A natureza procede por sugestão, tal como a arte, mas não dispõe do ritmo. Supre-o mediante a longa convivência que a comunhão das influências sofridas criou entre ela e nós e que faz com que à menor indicação de um sentimento com ela simpatizemos, como uma pessoa habituada obedece ao gesto do magnetizador. Esta simpatia produz-se sobretudo quando a natureza nos apresenta seres de proporções normais e tais que a nossa atenção se divide por igual entre todas as partes da figura sem se fixar em nenhuma delas: visto que a nossa faculdade de perceber se encontra embalada por esta espécie de harmonia, nada interrompe o livre impulso da sensibilidade, que apenas aguarda o desaparecimento do obstáculo para se emocionar simpaticamente. Conclui-se desta análise que o sentimento do belo não é um sentimento especial, mas que todo o sentimento por nós experimentado se revestirá de um caráter estético, contanto que tenha sido sugerido, e não causado. Compreende-se então porque é que a emoção estética nos parece admitir graus de intensidade e também graus de elevação. Com efeito, ora é o sentimento sugerido que interrompe a custo o tecido cerrado dos factos psicológicos que compõem a nossa história; ora deles afasta a nossa atenção sem que, no entanto, nos leve a perdê-los de vista; ora, por fim, se substitui a eles, nos absorve, e se apodera de toda a nossa alma. Há, portanto, fases distintas na progressão de um sentimento estético, como no estado de hipnose, e estas fases correspondem menos a variações de grau do que a diferenças de estado ou de natureza. Mas o mérito de uma obra de arte não se mede tanto pela força com que o sentimento sugerido se apossa de nós quanto pela riqueza desse mesmo sentimento: por outras palavras, para além dos graus de intensidade, distinguimos instintivamente graus de profundidade ou de elevação. Ao analisar este último conceito, veremos que os sentimentos e os pensamentos que o artista nos sugere exprimem e resumem uma parte muito menos considerável da sua história. Se a arte que se limita a dar sensações é uma arte inferior é porque a análise nada mais deslinda frequentemente numa sensação além dessa mesma sensação. Mas a maioria das emoções são enriquecidas com milhares de sensações, sentimentos ou ideias que as atravessam: cada uma delas é, pois, um estado único no seu género, indefinível, e parece que seria necessário reviver a vida de quem a experimenta para dela se apoderar na sua complexa originalidade. Contudo, o artista visa introduzir-nos nesta emoção tão rica, tão pessoal, tão nova, e levar-nos a experimentar o que não poderia fazer-nos compreender. Fixará, pois, de entre as manifestações exteriores do seu sentimento aquelas que o nosso corpo imitará maquinalmente, ainda que superficialmente, descobrindo-as, de modo a colocar-nos de chofre no indefinível estado psicológico que as provocou. Cairá assim a barreira que o tempo e o espaço interpunham entre a sua consciência e a nossa, e será tanto mais rico de ideias, cheio de sensações e de emoções o sentimento em cuja área nos introduziu, quanto mais a beleza expressa tiver profundidade e elevação. As intensidades sucessivas do sentimento estético correspondem, pois, a mudanças ocorridas em nós e os graus de profundidade a um maior ou menor número de factos psíquicos elementares, que dificilmente distinguimos na emoção fundamental.

Vamos submeter os sentimentos morais a um estudo do mesmo género. Consideremos, por exemplo, a piedade. Consiste, antes de mais, em pormo-nos pelo pensamento no lugar dos outros, em sofrer com o seu sofrimento. Mas se nada mais fosse, como alguns pretenderam, inspirar-nos-ia a ideia de fugirmos dos miseráveis em vez de os socorrermos, porque o sofrimento causa-nos naturalmente horror. É possível que este sentimento de horror esteja na origem da piedade, mas não tarda a juntar-se-lhe um novo elemento, uma necessidade de ajudar os nossos semelhantes e de lhes aliviarmos o sofrimento. Diremos, com La Rochefoucauld, que esta pretensa simpatia é um cálculo, «uma habilidosa previdência para futuros males»? Efetivamente, talvez o temor contribua de algum modo para a compaixão que os males de outrem nos inspiram, mas será sempre uma forma inferior de piedade. A verdadeira piedade consiste menos em recear o sofrimento do que em desejá-lo.

Desejo leve, que dificilmente se quereria ver realizado, mas que se forma contra a nossa vontade, como se a natureza cometesse uma grande injustiça e fosse necessário afastar toda a suspeita de cumplicidade com ela. A essência da piedade é, pois, uma necessidade de se humilhar, uma aspiração a descer. Esta aspiração dolorosa tem, aliás, o seu encanto, porque nos engrandece aos nossos próprios olhos e faz com que nos sintamos superiores aos bens sensíveis de que o nosso pensamento momentaneamente se desprende. A intensidade crescente da piedade consiste, pois, numa progressão qualitativa, numa passagem da repulsa ao temor, do temor à simpatia e da simpatia à humildade.

Não levaremos mais longe esta análise. Os estados psíquicos cuja intensidade acabamos de definir são estados profundos que não parecem solidários com a sua causa exterior, não parecendo envolver também a perceção de uma contracção muscular. Mas estes estados são raros. Não há paixão ou desejo, alegria ou tristeza, que não seja acompanhada de sintomas psíquicos, e quando estes sintomas surgem, servem-nos provavelmente para algo na apreciação das intensidades. Quanto às sensações propriamente ditas, estão claramente relacionadas com a sua causa exterior e, se bem que a intensidade da sensação não possa definir-se pela grandeza da sua causa, existe sem dúvida alguma relação entre estes dois termos. Até em algumas das suas manifestações, a consciência parece que se expande para fora, como se a intensidade se desenvolvesse em extensão: assim é o esforço muscular. Coloquemo-nos seguidamente perante este último fenómeno: transportar-nos-emos de um salto para o extremo oposto da série dos factos psicológicos.

Se há um fenómeno que parece apresentar-se imediatamente à consciência sob a forma de quantidade ou, pelo menos, de grandeza é, sem dúvida alguma, o esforço muscular.

Parece-nos que a força psíquica, aprisionada na alma como os ventos no antro de Eolo, espera aí apenas por uma oportunidade para escapar. A vontade vigiaria esta força e, de tempos a tempos, abrir-lhe-ia uma saída, proporcionando uma descarga para o efeito desejado. Refletindo bem, veremos até que esta conceção tão grosseira do esforço entra, em larga medida, na nossa crença nas grandezas intensivas. Como a força muscular que se desenrola no espaço e se manifesta mediante fenómenos mensuráveis nos dá a impressão de ter preexistido às suas manifestações, mas com um menor volume e, por assim dizer, em estado comprimido, não hesitamos em restringir cada vez mais este volume e, por fim, julgamos compreender que um estado puramente psíquico, não ocupando espaço, tenha, apesar de tudo, grandeza. Aliás, a ciência, neste ponto, tende a fortalecer a ilusão do sentido comum. Bain diz-nos, por exemplo, que a sensibilidade concomitante do movimento muscular coincide com a corrente centrífuga da força nervosa. Seria, pois, a própria emissão da força nervosa que a consciência perceberia. Wundt fala também de uma sensação de origem central, acompanhando a inervação voluntária dos músculos, e cita o exemplo do paralítico, que tem a sensação muito nítida da força que emprega para querer levantar a sua perna, ainda que permaneça inerte ([2]). A maioria dos autores adere a esta opinião, que faria lei na ciência positiva se, há alguns anos, William James não tivesse chamado a atenção dos fisiologistas para certos fenómenos muito pouco conhecidos e, no entanto, muito dignos de nota.

Quando um paralítico se esforça por levantar o membro inerte, não executa este movimento, sem dúvida, mas, seja como for, executa outro. Algum movimento se efetua em alguma parte; em caso contrário, não haveria nenhuma sensa-

([2]) *Psychologie physiologique*, trad. Rouvier, t. I, p. 423.

ção de esforço ([3]). Já Vulpian observara que, se pedirmos a um hemiplégico para fechar o punho paralisado, ele cumpre inconscientemente esta ação com o punho não afetado. Ferrier assinalava um fenómeno ainda mais curioso ([4]). Estendei o braço recurvando ligeiramente o indicador, como se fôsseis dar ao gatilho de uma pistola: podereis não mover o dedo, nem contrair músculo algum da mão, nem produzir qualquer movimento aparente, mas, apesar de tudo, sentireis que gastais energia. No entanto, se prestardes maior atenção, caireis na conta de que esta sensação de esforço coincide com a fixação dos músculos do peito, que tendes a glote fechada e que contraís ativamente os músculos respiratórios. Logo que a respiração retomar o seu curso normal, a consciência do esforço desaparece, a não ser que realmente não movamos o dedo. Estes factos pareciam já indicar que não temos consciência de uma emissão de força, mas do movimento dos músculos, que é o seu resultado. A originalidade de William James esteve em verificar a hipótese com exemplos, que se afiguraram absolutamente refratários. Assim, quando o músculo direito externo do olho direito está paralisado, o doente tenta em vão voltar o olho do lado direito, contudo, os objectos parecem fugir-lhe do lado direito e, uma vez que o ato de vontade não produziu qualquer efeito, é necessário, dizia Helmholtz ([5]), que o esforço da vontade se revele à consciência. Mas não se reparou, responde James, no que se passa no outro olho. Este fica coberto durante as experiências, no entanto, move-se, do que não será difícil convencermo-nos. É o movimento do olho esquerdo, percecionado pela consciência, que nos dá a sensação do esforço, ao mesmo tempo que nos leva a acreditar no movimento dos objetos vistos pelo olho direito. Estas observações, e outras

([3]) W. James, «Le sentiment de l'effort» (*Critique Philosophique*, 1880, t. II).

([4]) *Les fonctions du cerveau*, p. 358 (trad. fr.).

([5]) *Optique physiologique*, trad. fr., p. 764.

análogas, levam James a afirmar que o sentimento do esforço é centrípeto, e não centrífugo. Não tomamos consciência de uma força que lançássemos no organismo: o nosso sentimento da energia muscular ostentada «é uma sensação aferente complexa, que vem dos músculos contraídos, dos ligamentos tensos, das articulações comprimidas, do peito fixo, da glote fechada, do sobrolho franzido, dos queixos fechados», em síntese, de todos os pontos da periferia onde o esforço introduz uma modificação.

Não nos compete tomar posição no debate. Também a questão que nos preocupa não é saber se a sensação do esforço vem do centro ou da periferia, mas em que consiste exatamente a nossa perceção da sua intensidade. Ora, basta fazer uma observação atenta sobre nós próprios para, sobre o último ponto, chegarmos a uma conclusão que James não formulou, mas que nos parece em total conformidade com o espírito da sua doutrina. Asseveramos que quanto mais um dado esforço nos dá a impressão de crescer, tanto mais aumenta o número dos músculos que se contraem simpaticamente, e que a consciência aparente de uma maior intensidade de força sobre um dado ponto do organismo se reduz, realmente, à perceção de uma maior superfície do corpo interessada na operação.

Experimentai, por exemplo, fechar o punho «cada vez mais». Parecer-vos-á que a sensação de esforço, completamente localizada na vossa mão, passa sucessivamente por grandezas crescentes. Na realidade, a mão experimenta sempre a mesma coisa. Só a sensação que aí estava localizada se estende primeiramente ao braço e sobe até ao ombro; o outro braço estica-se, as duas pernas fazem o mesmo, a respiração para; é o corpo inteiro que fica invadido. Mas só caireis claramente na conta destes movimentos concomitantes se para tal vos chamarem a atenção; até então, julgáveis tratar-se de um estado de consciência único que mudava de grandeza. Quando fechais cada vez mais os lábios um contra o outro, julgais experimentar nesse sítio uma idêntica sensação cada vez mais forte. Também aqui vos apercebereis, ao refletir mais nisto, que esta sensação permanece idêntica, mas que certos músculos da cara e da cabeça e, em seguida, de todo o corpo tomaram parte na operação. Sentistes a invasão gradual, o aumento de superfície que é, de facto, uma mudança de quantidade, mas como pensais sobretudo nos lábios fechados, localizastes o aumento nesse sítio e fizestes da força psíquica que aí se despendia uma grandeza, embora não fosse extensa. Examinai cuidadosamente uma pessoa que levanta pesos cada vez mais pesados: a contração muscular apodera-se, pouco a pouco, por completo do seu corpo. Quanto à sensação mais particular que experimenta no braço que trabalha, permanece constante durante muito tempo e só muda de qualidade transformando-se o peso, em determinada altura, em fadiga, e a fadiga em dor. Contudo, o sujeito imaginará ter consciência de um aumento contínuo da força psíquica que aflui ao braço. Só reconhecerá o seu erro se lhe chamarmos a atenção, de tal maneira é levado a medir um determinado estado psicológico pelos movimentos conscientes que o acompanham! Destes factos e de muitos outros do mesmo género depreender-se-á, cremos nós, a seguinte conclusão: a nossa consciência de um crescimento de esforço muscular reduz-se à dupla perceção de um maior número de sensações periféricas e de uma mudança qualitativa ocorrida em algumas delas.

Eis-nos, pois, levados a definir a intensidade de um esforço superficial como a de um sentimento profundo da alma. Em ambos os casos, há progresso qualitativo e complexidade crescente, confusamente percecionada. Mas a consciência habituada a pensar no espaço e a dizer a si própria o que pensa designará o sentimento com uma única palavra e localizará o esforço no ponto preciso onde proporciona um resultado útil. Perceberá então um esforço, sempre semelhante a si mesmo, que cresce no local que ela lhe atribuiu, e um sentimento que, não mudando de nome, aumenta sem mudar de natureza. É verosímil que reencontremos esta ilusão da consciência nos estados intermédios entre os esforços superficiais e os sentimentos profundos. Muitos dos estados psicológicos são, com efeito, acompanhados de contrações musculares e de sensações periféricas. Estes elementos superficiais coordenam-se entre si, ora por uma ideia puramente especulativa, ora por uma representação de ordem prática. No primeiro caso, há um esforço intelectual ou atenção, no segundo, produzem-se emoções que se podem chamar violentas ou agudas: a cólera, o medo e certas variedades da alegria, da dor, da paixão e do desejo. Mostremos rapidamente como a mesma definição de intensidade convém a estes estados intermédios.

A atenção não é um fenómeno puramente fisiológico, mas não se pode negar que é acompanhada de movimentos. Tais movimentos não são nem a causa nem o resultado do fenómeno; fazem dele parte, exprimem-no em extensão, como brilhantemente demonstrou Ribot ([6]). Já Fechner reduzia o sentimento do esforço de atenção, num órgão dos sentidos, ao sentimento muscular «produzido ao pôr em andamento, por uma espécie de ação reflexa, os músculos relacionados com os diferentes órgãos sensoriais». Chamou a atenção para a sensação muito distinta de tensão e de contração da pele da testa, esta pressão de fora para dentro em todo o crânio, que experimentamos quando fazemos um grande esforço para nos lembramos de qualquer coisa. Ribot estudou mais detidamente os movimentos característicos da atenção voluntária. «A atenção», diz ele, «contrai o frontal: este músculo [...] puxa pelo sobrolho, eleva-o e deixa rugas transversais na testa [...] Em casos extremos, a boca abre-se amplamente. Nas crianças e em muitos adultos, a atenção viva produz uma protrusão dos lábios, uma espécie de beicinho.» Não há dúvida de que entrará sempre na atenção voluntária um fator puramente psí-

---

([6]) *Le mécanisme de l'attention*, Alcan, 1888.

quico, quanto mais não seja a exclusão, pela vontade, de todas as ideias estranhas àquela de que nos desejamos ocupar. Mas, uma vez efetuada esta exclusão, julgamos ainda ter consciência de uma tensão crescente da alma, de um esforço imaterial que aumenta. Analisai esta impressão e nada aí encontrareis senão o sentimento de uma contração muscular que ganha em superfície ou muda de natureza, transformando-se a tensão em pressão, fadiga e dor.

Ora, não vemos diferença essencial entre o esforço de atenção e o que se poderia chamar o esforço de tensão da alma, desejo agudo, cólera desencadeada, amor apaixonado ou ódio violento. Cada um destes estados reduzir-se-ia, julgamos nós, a um sistema de contrações musculares coordenadas por uma ideia: na atenção, é a ideia mais ou menos refletida de conhecer; na emoção, a ideia irrefletida de agir. A intensidade destas emoções violentas não deve, pois, ser outra coisa senão a tensão muscular que as acompanha. Darwin descreveu muito bem os sintomas fisiológicos do furor. «As pulsações do coração aceleram-se: a cara fica vermelha ou adquire uma palidez cadavérica, a respiração é difícil, o peito distende-se, as narinas frementes dilatam-se. Muitas vezes, treme o corpo inteiro. A voz altera-se, os dentes fecham-se e batem uns nos outros e o sistema muscular é geralmente excitado para algum ato violento, quase frenético... Os gestos representam mais ou menos perfeitamente o ato de bater ou de lutar contra um inimigo.» ([7]) Não iremos ao ponto de defender, com William James ([8]), que a emoção de furor se reduz à soma das sensações orgânicas: entrará sempre na cólera um elemento psíquico irredutível, quanto mais não seja a ideia de bater ou de lutar, de que fala Darwin, ideia que imprime a tantos movimentos diversos uma direção comum. Mas se esta ideia determina a direção do esta-

([7]) *Expression des émotions*, p. 79.

([8]) «What is an emotion?», *Mind*,1884, p. 189.

do emocional e a orientação dos movimentos concomitantes, a intensidade crescente do próprio estado não é outra coisa, julgamos nós, senão o abalo cada vez mais profundo do organismo, abalo que a consciência mede sem dificuldade pelo número e extensão das superfícies interessadas. Inútil será alegar que há furores contidos e tanto mais intensos, pois, onde a emoção não é contida, a consciência não se detém no pormenor dos movimentos concomitantes; pelo contrário, aí se detém, concentra-se neles, quando os visa dissimular. Eliminai finalmente todo o vestígio de abalo orgânico, toda a veleidade de contracção muscular e da cólera restará apenas uma ideia, ou, se teimardes ainda em fazer dela uma emoção, não podeis atribuir-lhe intensidade.

«Um terror intenso», diz Herbert Spencer ([9]), «exprime-se por gritos, esforços para esconder-se ou fugir, palpitações ou tremuras.» Vamos mais longe e defendemos que estes movimentos fazem parte do próprio terror: por eles o terror torna-se uma emoção suscetível de passar por diferentes graus de intensidade. Suprimi-os completamente e ao terror mais ou menos intenso sucederá uma ideia de terror, a representação totalmente intelectual de um perigo que é necessário evitar. Há também uma acuidade de alegria e de dor, de desejo, de aversão e até de vergonha cuja razão de ser se encontra nos movimentos de reação automática que o organismo inicia e que a consciência perceciona. «O amor», diz Darwin, «faz bater o coração, acelerar a respiração, avermelhar o rosto.» ([10]) A aversão nota-se por movimentos de repulsa que se repetem, sem prestar atenção, quando se pensa no objeto detestado. Ficamos vermelhos, crispamos involuntariamente os dedos quando sentimos vergonha, ainda que retrospetivamente. A acuidade destas emoções avalia-se pela quantidade e pela natureza das sensações periféricas

([9]) *Principes de psychologie*, t. I, p. 523.

([10]) *Expression des émotions*, p. 84.

que as acompanham. Pouco a pouco, e à medida que o estado emocional perde a sua violência para adquirir profundidade, as sensações periféricas darão lugar a elementos internos: já não serão os nossos movimentos exteriores, mas as nossas ideias, recordações, estados de consciência em geral que se orientarão, em maior ou menor quantidade, para uma determinada direção. Não há, portanto, uma diferença essencial, do ponto de vista da intensidade, entre os sentimentos profundos, de que falávamos no início deste estudo, e as emoções intensas ou violentas que acabámos de passar em revista. Dizer que o amor, o ódio ou o desejo ganham em violência é afirmar que se projectam para fora, que surgem à superfície, que os elementos internos são substituídos por sensações periféricas. Todavia, superficiais ou profundos, violentos ou refletidos, a intensidade destes sentimentos consiste sempre na multiplicidade dos estados simples que a consciência aí discrimina confusamente.

Limitámo-nos até agora aos sentimentos e aos esforços, estados complexos e cuja intensidade não depende absolutamente de uma causa externa. Mas as sensações aparecem-nos como estados simples. Em que consistirá a sua grandeza? A intensidade destas sensações varia com a causa externa de que passam por ser o equivalente consciente: como explicar a invasão da quantidade num efeito inextensivo e, desta vez, indivisível? Para responder a esta pergunta, é preciso, primeiro, distinguir entre as sensações ditas afectivas e as sensações representativas. Sem dúvida, passa-se gradualmente de umas a outras e entra certamente um elemento afetivo na maioria das nossas representações simples, mas nada impede de o isolar, nem de investigar separadamente em que consiste a intensidade de uma sensação afetiva (prazer ou dor).

Talvez a dificuldade deste último problema se prenda sobretudo com o facto de não se querer ver no estado afetivo outra coisa senão a expressão consciente de um abalo orgânico ou a repercussão interna de uma causa externa. Nota-se que a um maior abalo nervoso corresponde geralmente uma sensação mais intensa. Mas como estes abalos são inconscientes enquanto movimentos, já que adquirem para a consciência o aspeto de uma sensação que não se lhes assemelha, não se vê como transmitiriam à sensação algo da sua própria grandeza, pois nada há de comum, repetimo-lo, entre grandezas sobreponíveis como as amplitudes de vibração, por exemplo, e as sensações, que não ocupam espaço. Se a sensação mais intensa nos parece conter a sensação de menor intensidade, se reveste para nós, como o próprio abalo orgânico, a forma de uma grandeza, é provavelmente porque conserva alguma coisa do abalo físico a que ela corresponde. E nada conservará se não passar da tradução consciente de um movimento de moléculas, pois, precisamente porque este movimento se traduz em sensação de prazer ou de dor, é que ele permanece inconsciente enquanto movimento molecular.

Mas poder-se-ia perguntar se o prazer e a dor, em vez de exprimirem apenas o que acaba de ocorrer ou o que se passa no organismo, como habitualmente se julga, não indicariam também o que aí se vai produzir, o que tende a passar-se. Com efeito, parece pouco provável que a natureza, tão profundamente utilitária, tenha aqui atribuído à consciência a tarefa totalmente científica de nos informar sobre o passado ou o presente, que já não dependem de nós. Além disso, há que salientar que se sobe por graus insensíveis dos movimentos automáticos aos movimentos livres e que estes últimos diferem sobretudo dos precedentes por nos apresentarem, entre a ação exterior que os ocasiona e a reação desejada que se segue, uma sensação afetiva intercalada. Poder-se-ia até imaginar que todas as nossas ações fossem automáticas e conhece-se, aliás, uma infinita variedade de seres organizados em que uma excitação exterior gera uma reação determinada sem passar por intermédio da consciência.

Se o prazer e a dor se produzem entre alguns privilegiados, é provavelmente para lhes autorizar uma resistência à reação automática que se produziria. Ou a sensação não tem razão de ser, ou é um começo de liberdade. Mas como nos permitiria ela resistir à reação que se prepara, se não nos fizesse conhecer a sua natureza por algum sinal preciso? E que sinal pode ser esse senão o esboço e como que a preformação dos movimentos automáticos futuros no próprio seio da sensação experimentada? O estado afetivo não deve, pois, corresponder apenas aos abalos, movimentos ou fenómenos físicos que já passaram, mas ainda e sobretudo aos que se preparam, aos que quereriam ser.

Em primeiro lugar, não se vê como é que esta hipótese simplifica o problema, pois procuramos o que pode haver de comum entre um fenómeno físico e um estado de consciência sob o ponto de vista da grandeza e parece que nos limitamos a afastar a dificuldade ao fazermos do estado de consciência presente um índice da reação a acontecer, em vez de uma tradução física da excitação ocorrida. Contudo, é considerável a diferença entre as duas hipóteses, porque os abalos moleculares de que acabámos de falar eram necessariamente inconscientes, pois nada destes movimentos poderia subsistir na sensação que os traduzia. Mas os movimentos automáticos que tendem a seguir-se à excitação experimentada, e que constituiriam o seu prolongamento natural, são provavelmente conscientes enquanto movimentos, ou, então, a própria sensação, cujo papel é convidar-nos a uma escolha entre esta reação automática e outros movimentos possíveis, não teria nenhuma razão de ser. A intensidade das sensações afetivas seria, pois, apenas a consciência que adquirimos dos movimentos involuntários que começam, que de alguma maneira se esboçam nestes estados e teriam seguido o seu curso normal se a natureza nos tivesse transformado em autómatos, e não em seres conscientes.

Se este raciocínio tiver fundamento, não se deverá comparar uma dor de intensidade crescente com uma nota da escala que se tornaria cada vez mais sonora, mas antes a uma sinfonia, em que se faria ouvir um número crescente de instrumentos. No interior da sensação característica, que dá o tom às restantes, a consciência discriminará uma multiplicidade mais ou menos considerável de sensações que emanam dos diferentes pontos da periferia: contrações musculares, movimentos orgânicos de toda a espécie. O acordo destes estados psíquicos elementares exprime as novas exigências do organismo perante a nova situação que se lhe faz defrontar. Por outras palavras, avaliamos a intensidade de uma dor pelo interesse que uma parte maior ou menor do organismo nela quis pôr. Richet ([11]) observou que uma indisposição se relaciona com um sítio tanto mais preciso quanto mais fraca for a dor: se se torna mais intensa, refere-se o todo o membro doente. E conclui afirmando que «a dor se espalha tanto mais quanto mais intensa for» ([12]). Julgamos que devemos inverter esta proposição e definir precisamente a intensidade da dor pelo número e extensão das partes do corpo que simpatizam com ela e reagem com total conhecimento da consciência. Para disso nos convencermos, bastará ler a notável descrição que o mesmo autor fez da repugnância: «Se a excitação é fraca, pode não haver nem náusea nem vómitos... Se a excitação for mais forte, em vez de se limitar ao pneumogástrico, espalha-se e atinge quase todo o sistema da vida orgânica. O rosto torna-se pálido, os músculos lisos da pele contraem-se, a pele cobre-se de um suor frio, o coração suspende as pulsações, numa palavra, há uma perturbação orgânica geral consecutiva à excitação da medula alongada e esta perturbação é a expressão suprema da repugnância.» ([13]) Mas não será apenas a sua expressão? Em que consiste, portanto, a sensação geral de repugnância senão na soma destas sensações

([11]) *L'homme et l'intelligence*, p. 36.

([12]) *Ibid.*, p. 37.

([13]) *Ibid.*, p. 43.

elementares? E que podemos aqui entender por intensidade crescente senão a quantidade sempre crescente de sensações que vêm juntar-se às sensações já percecionadas? Darwin traçou um quadro impressionante das reações consecutivas a uma dor cada vez mais intensa: «Leva o animal a executar esforços cada vez mais violentos e variados para escapar à causa que a produz... No sofrimento intenso, a boca contrai-se fortemente, os lábios crispam-se, os dentes apertam-se. Ora os olhos se abrem, enormes, ora os sobrolhos se contraem fortemente. O corpo fica banhado em suor; a circulação e a respiração modificam-se.» ([14]) Não é precisamente por esta contração dos músculos envolvidos que medimos a intensidade de uma dor? Analisai a ideia que fazeis de um sofrimento que declarais extremo: não compreendeis assim que ele é insuportável, isto é, que incita o organismo a variadíssimas acções para lhe escapar? Pensa-se que os nervos transmitem a dor independente de qualquer reação automática; pensa-se também que excitações mais ou menos fortes influenciam diversamente tais nervos. Mas estas diferenças de sensações nunca seriam interpretadas pela vossa consciência como diferenças de quantidade se com elas não relacionásseis as reações mais ou menos extensas, mais ou menos graves, que habitualmente as acompanham. Sem estas reações consecutivas, a intensidade da dor seria uma qualidade, e não uma grandeza.

Também não temos outro meio para comparar entre si vários prazeres. Que é um prazer maior senão um prazer preferido? E que pode ser a nossa preferência senão uma determinada disposição dos nossos órgãos que faz com que o nosso corpo, na presença simultânea de dois prazeres ao nosso espírito, se incline para um deles? Analisai esta mesma inclinação e aí encontrareis incontáveis movimentos que começam, se esboçam, nos órgãos interessados e até no resto do corpo, como se o or-

([14]) *Expression des émotions*, p. 84.

ganismo se adiantasse ao prazer representado. Quando se define a inclinação como um movimento, não se trata de uma metáfora. Perante vários prazeres concebidos pela inteligência, o nosso corpo orienta-se para um deles espontaneamente, como por uma ação reflexa. Depende de nós suspendê-lo, mas o atrativo do prazer não é mais do que este movimento iniciado, e a acuidade do prazer, enquanto se desfruta, é apenas a inércia do organismo que aí se abisma, recusando qualquer outra sensação. Sem esta força de inércia, de que tomamos consciência pela resistência que oferecemos a quanto possa distrair-nos, o prazer seria ainda um estado, mas não uma grandeza. No mundo moral, tal como no mundo físico, a atração serve mais para explicar o movimento do que para o produzir.

Estudámos à parte as sensações afetivas. Vejamos agora como muitas sensações representativas têm um caráter afetivo e provocam assim da nossa parte uma reação, de que nos damos conta na avaliação da sua intensidade. Um aumento considerável de luz traduz-se, para nós, numa sensação característica, que ainda não é de dor, mas que apresenta analogias com o deslumbramento. À medida que a amplitude da vibração sonora aumenta, a nossa cabeça e, depois, o corpo dão-nos a impressão de vibrar ou de receber um choque. Certas sensações representativas, as do sabor, odor e temperatura, têm até constantemente um caráter agradável ou desagradável. Entre sabores mais ou menos amargos, discernireis apenas diferenças de qualidade; são como matizes da mesma cor. Mas estas diferenças de qualidade interpretam-se logo como diferenças de quantidade devido ao seu caráter afetivo e aos movimentos mais ou menos pronunciados de reação de prazer ou desagrado que nos sugerem. Além disso, ainda quando a sensação se mantém puramente representativa, a sua causa exterior não pode ultrapassar um certo grau de força ou de fraqueza sem provocar em nós movimentos que nos servem para a medir.

Com efeito, ora temos de esforçar-nos por percecionar esta sensação, como se nos escapasse, ora, pelo contrário, ela nos invade, se nos impõe e nos absorve de tal maneira que empregamos todo o nosso esforço para dela nos libertarmos e continuarmos nós mesmos. A sensação diz-se pouco intensa no primeiro caso e muito intensa no outro. Assim, para percepcionar um som longínquo, para distinguir o que chamamos um cheiro suave ou uma luz fraca, empregamos todos os recursos da nossa atividade, «prestamos atenção». E é precisamente por o odor ou a luz exigirem de nós um maior esforço que eles nos parecem fracos. Inversamente, reconhecemos uma sensação de intensidade extrema perante os movimentos irresistíveis de reação automática que em nós provoca ou à impotência com que nos atinge. Um tiro de canhão disparado junto aos nossos ouvidos ou uma luz deslumbrante que se acende de súbito anulam em nós, durante um instante, a consciência da nossa personalidade. Este estado pode até prolongar-se num sujeito com predisposição para tal. É necessário acrescentar que, mesmo na região das intensidades ditas médias, embora tratemos em pé de igualdade a sensação representativa, apreciamos muitas vezes a sua importância ao compará-la com outra que ela suplanta ou ao termos em consideração a persistência com que regeressa. Assim, por exemplo, o tiquetaque dum relógio parece soar mais alto durante a noite, porque absorve sem dificuldade uma consciência quase vazia de sensações e de ideias. Estrangeiros que conversam entre si numa língua que não compreendemos dão-nos a impressão de falar muito alto, porque as suas palavras, ao não evocarem quaisquer ideias no nosso espírito, se fazem ouvir no meio de uma espécie de silêncio intelectual e chamam a nossa atenção como o tiquetaque do relógio durante a noite. No entanto, com estas sensações ditas médias, abordamos uma série de estados psíquicos cuja intensidade deve ter um novo significado. É que, na maior parte do tempo, o organismo não reage, pelo menos aparentemente, e, contudo, transformamos ainda em grandeza uma altura de som, uma intensidade de luz, uma saturação de cor. Não há dúvida de que a observação minuciosa do que se passa no conjunto do organismo quando ouvimos esta ou aquela nota, quando percepcionamos esta ou aquela cor, nos reserva uma surpresa: não demonstrou Ch. Féré que toda a sensação é acompanhada de um aumento de força muscular, mensurável pelo dinamómetro? ([15]) Apesar de tudo, este aumento não impressiona a consciência e, se refletirmos na precisão com que distinguimos, por exemplo, os sons e cores, os pesos e temperaturas, adivinhar-se-á facilmente que um novo elemento da avaliação deve aqui entrar em jogo. A natureza deste elemento é, aliás, fácil de determinar.

Com efeito, à medida que uma sensação perde o seu carácter afetivo para passar ao estado de representação, os movimentos de reação que em nós provocava tendem a apagar-se, mas também nos apercebemos do objeto exterior que é a sua causa, ou, se não o percecionamos, percepcionámo-lo e pensamos nisso. Ora, esta causa é extensiva e, por conseguinte, mensurável: uma experiência contínua, que começou com os primeiros alvores da consciência e que prossegue por toda a nossa existência, mostra-nos um determinado cambiante da sensação, que corresponde a um determinado valor da excitação. Associamos então a uma certa qualidade do efeito a ideia de uma certa quantidade da causa e, finalmente, como acontece com qualquer perceção adquirida, introduzimos a ideia na sensação, a quantidade da causa na qualidade do efeito. Precisamente nesta altura, a intensidade, que era apenas um certo cambiante ou qualidade da sensação, transforma-se numa grandeza. Facilmente se cairá na conta deste processo segurando um alfinete na mão direita, por exemplo, e picando cada

---

([15]) Ch. Féré, *Sensation et mouvement*, Paris, 1887.

vez mais profundamente a mão esquerda. Primeiramente, sentireis uma espécie de cócegas, depois, um contacto a que sucede uma picadela, em seguida, uma dor localizada num ponto e, finalmente, uma irradiação desta dor para a zona circundante. Quanto mais refletirdes nisto melhor vereis que se encontram aí tantas sensações qualitativas distintas quantas as variedades de uma mesma espécie. Contudo, a princípio, faláveis de uma única e mesma sensação cada vez mais avassaladora, de uma picadela cada vez mais intensa. É que, sem prestar atenção, localizáveis na sensação da mão esquerda, que foi picada, o esforço progressivo da mão direita que a pica. Introduzíeis assim a causa no efeito e interpretáveis inconscientemente a qualidade como quantidade, a intensidade como grandeza. É fácil ver como a intensidade de toda a sensação representativa se deve entender da mesma maneira.

As sensações de som apresentam-nos graus bem precisos de intensidade. Já dissemos que era necessário ter em conta o caráter afetivo destas sensações, do sobressalto provocado no conjunto do organismo. Mostrámos que um som muito intenso é o que absorve a nossa atenção, o que suplanta todos os outros. Mas abstraiam-se do choque, da vibração bem caracterizada que sentis, por vezes, na cabeça ou mesmo em todo o corpo, abstraiam-se da concorrência que os sons simultâneos estabelecem entre si. Que permanecerá senão uma qualidade indefinível do som que foi ouvido? Só que esta qualidade é logo interpretada como quantidade, porque já a haveis obtido inúmeras vezes ao bater em objetos, por exemplo, e fornecendo dessa maneira uma quantidade de esforço determinada. Sabeis também até que ponto tereis que elevar a vossa voz para produzir um som análogo e a ideia deste esforço apresenta-se imediatamente ao vosso espírito quando transformais a intensidade do som em grandeza. Wundt ([16]) chamou a atenção para

([16]) *Psychologie physiologique*, trad. fr., t. II, p. 497.

as conexões muito particulares dos filamentos nervosos vocais e auditivos que se efetuam no cérebro humano. Não se disse que ouvir é falar a si próprio? Certos neuropatas não podem assistir a uma conversa sem mexer os lábios; é apenas um exagero do que se passa em cada um de nós. Compreender-se-ia o poder expressivo, ou antes, sugestivo, da música, se não se admitisse que repetimos interiormente os sons ouvidos de modo a colocarmo-nos no estado psicológico de que saíram, estado original que não se pode expressar, mas que os movimentos adotados pelo conjunto do nosso corpo nos sugerem?

Quando falamos da intensidade de um som de força média como de uma grandeza, fazemos, pois, sobretudo alusão a um maior ou menor esforço a fornecer para obter novamente a mesma sensação auditiva. Mas, além da intensidade, distinguimos outra propriedade característica do som, a altura. As diferenças de altura, como o nosso ouvido as perceciona, serão diferenças quantitativas? Concordamos em que uma acuidade superior do som evoca a imagem de uma situação mais elevada no espaço. Mas depreende-se daqui que as notas da escala, enquanto sensações auditivas, diferem de outro modo além da qualidade? Esquecei o que a física vos ensinou, analisai cuidadosamente a ideia que tendes de uma nota mais ou menos alta e dizei se não pensais muito simplesmente no maior ou menor esforço que o músculo tensor das vossas cordas vocais teria de fornecer para, por sua vez, dar a nota? Como é descontínuo o esforço pelo qual a vossa voz passa de uma nota à seguinte, representais as notas sucessivas como pontos do espaço que se esperaria, um após outro, por saltos bruscos, transpondo de cada vez um intervalo vazio que os separa, e é por isso que estabeleceis intervalos entre as notas da pauta. Resta saber, é claro, porque é que a linha em que as escalonamos é vertical e não horizontal, e porque dizemos que o som sobe em certos casos e desce noutros. É incontestável que as notas agudas nos parecem produzir efeitos de ressonância na cabeça e as notas graves na caixa torácica. Esta perceção, real ou ilusória, contribuiu sem dúvida para nos levar a contar verticalmente os intervalos. Mas também importa observar que, quanto mais considerável é o esforço da tensão das cordas vocais na voz de peito, maior é a superfície do corpo que nela se envolve no cantor inexperiente. É mesmo por isso que o esforço é por ele experimentado como mais intenso. E como expira o ar de baixo para cima, atribuirá a mesma direção ao som que a corrente de ar produz. É, pois, por um movimento de baixo para cima que se traduzirá a simpatia de uma maior parte do corpo com os músculos da voz. Diremos então que a nota é mais alta, porque o corpo faz um esforço como se fosse atingir um objecto mais elevado no espaço. Contraiu-se assim o hábito de apontar uma altura para cada nota da escala e quando o físico a conseguiu definir pelo número de vibrações a que corresponde num determinado tempo, não hesitámos mais em dizer que o nosso ouvido perceciona diretamente as diferenças de quantidade. Mas o som permaneceria qualidade pura se nele não introduzíssemos o esforço muscular que o produz, ou a vibração que o explica.

As recentes experiências de Blix, Goldscheider e Donaldson ([17]) mostraram que não são os mesmos pontos da superfície do corpo que sentem o frio e o calor. A psicologia inclina-se, portanto, a estabelecer desde agora uma distinção de natureza, e não de grau, entre as sensações de quente e frio. Mas a observação psicológica vai mais longe, porque uma consciência atenta encontraria sem dificuldade diferenças específicas entre as diversas sensações de calor, como também entre as sensações de frio. Um calor mais intenso é realmente outro calor. Dizemos mais intenso porque inúmeras vezes experimentámos a mesma alteração quando nos aproximámos de uma fonte calórica, ou quando uma ampla superfície do corpo era por ela afetada. Além disso, as sensações de calor e

([17]) «On the temperature sense», *Mind*, 1885.

de frio depressa se tornam afetivas e provocam então em nós reações mais ou menos acentuadas que medem a sua causa exterior: como não estabeleceríamos diferenças quantitativas análogas entre as sensações que correspondem a potências intermédias desta causa? Não vamos insistir mais nisto. Cabe a cada um interrogar-se escrupulosamente sobre este ponto, fazendo tábua rasa de tudo o que a sua experiência passada lhe ensinou sobre a causa da sua sensação e colocando-se frontalmente perante essa mesma sensação. O resultado de tal exame não nos parece duvidoso: depressa nos aperceberemos de que a grandeza da sensação representativa deriva de se trocar o efeito pela causa e a intensidade do elemento afetivo deve-se à introdução na sensação dos movimentos de reação mais ou menos importantes que continuam a excitação exterior. Solicitaremos o mesmo exame para as sensações de pressão e até de peso. Quando dizeis que uma pressão exercida sobre a mão se torna cada vez mais forte, vede se, com isso, não representais que o contacto se tornou pressão e depois dor, e que esta mesma dor, após ter passado por várias fases, se espalhou por toda a zona circundante. Vede ainda, vede sobretudo se não introduzis o esforço antagonista cada vez mais intenso, isto é, cada vez mais extenso, que opondes à pressão exterior. Quando o psicofísico levanta um peso mais pesado, experimenta, diz ele, um aumento de sensação. Examinai se este aumento de sensação não deveria antes chamar-se uma sensação de aumento. Todo a questão reside aí, porque, no primeiro caso, a sensação seria uma quantidade, como a sua causa exterior, e, no segundo, uma qualidade, tornada representativa da grandeza da sua causa. A distinção entre o pesado e o leve poderá parecer também retardada, tão natural como a do quente e do frio. Mas a própria naturalidade desta distinção faz dela uma realidade psicológica. E não são apenas o pesado e o leve que constituem para a nossa consciência géneros diferentes, mas os próprios graus de leveza e de peso são outras tantas espécies destes dois géneros. Há que acrescentar que aqui a diferença de qualidade se traduz espontaneamente por diferença de quantidade, devido ao esforço mais ou menos extenso que o nosso próprio corpo fornece para levantar um dado peso. Facilmente vos convencereis se vos pedirem para levantar um cesto que vos disseram estar cheio de ferro velho, quando na realidade está vazio. Pensareis perder o equilíbrio ao pegar-lhe, como se músculos estranhos estivessem antecipadamente envolvidos nessa operação e sofressem uma brusca deceção. É sobretudo pelo número e natureza destes esforços simpáticos, efetuados em diversos pontos do organismo, que medireis a sensação de peso num determinado ponto, e esta sensação não passaria de uma qualidade se assim nela não introduzísseis a ideia de uma grandeza. O que, por outro lado, corrobora a vossa ilusão sobre este ponto é o hábito adquirido de acreditar na perceção imediata de um movimento homogéneo num espaço homogéneo. Quando com o braço levanto um peso leve e todo o resto do meu corpo permanece imóvel, experimento uma série de sensações musculares, tendo cada uma o seu «sinal local», o seu cambiante próprio: é esta série que a minha consciência interpreta no sentido de um movimento contínuo no espaço. Se a seguir levantar à mesma altura e com a mesma velocidade um peso maior, passarei por uma nova série de sensações musculares, em que cada uma difere do termo correspondente da série precedente: disto me convencerei sem custo se as examinar bem. Mas como também interpreto esta nova série no sentido de um movimento contínuo, dado que este movimento tem a mesma direção, a mesma duração e a mesma velocidade que a precedente, torna-se necessário que a minha consciência localize noutro lado, e não no próprio movimento, a diferença entre a segunda série de sensações e a primeira. Ela materializa, então, esta diferença na extremidade do braço que se move; persuade-se de que a sensação do movimento foi idêntica nos dois casos, enquanto a sensação de peso diferia de grandeza. Mas o movimento e o peso são distinções da consciência reflexa: a consciência imediata tem a sensação de um movimento de alguma maneira pesado e esta mesma sensação reduz-se à análise numa série de sensações musculares, de que cada uma representa, pela sua gradação, o lugar onde se produz, e pelo seu colorido, a grandeza do peso que se levanta.

Chamaremos quantidade ou trataremos como uma qualidade a intensidade da luz? Talvez ainda não se tenha notado a profusão de elementos tão diferentes que, na vida diária, concorrem para nos informar quanto à natureza da fonte luminosa. Sabemos há muito que determinada luz está apagada, ou quase a apagar-se, quando temos dificuldade em distinguir os contornos e os pormenores dos objetos. A experiência ensinou-nos que era necessário atribuir a um poder superior a causa desta sensação afetiva, prelúdio do deslumbramento que experimentamos em certos casos. As arestas dos corpos não se destacam da mesma maneira, como também não as sombras que projetam, segundo se aumenta ou diminui o número de fontes luminosas. Mas há que dar ainda um lugar mais amplo, julgamos nós, às mudanças de tonalidade verificadas nas superfícies coloridas – mesmo as cores puras do espectro – sob a influência de uma luz mais fraca ou mais brilhante. À medida que a fonte luminosa se aproxima, o violeta adquire um tom azulado, o verde tende para o amarelo esbranquiçado e o vermelho para o amarelo brilhante. Inversamente, quando a luz se afasta, o azul-marinho passa a violeta, o amarelo a verde e, finalmente, o vermelho, o verde e o violeta aproximam-se do amarelo esbranquiçado. Estas mudanças de tonalidade há já algum tempo que foram apontadas pelos físicos ([18]), mas o que, na nossa opinião, é também digno de nota é que a maior parte dos homens não se apercebe disto, a não ser que estejam atentos ou sejam avisados. Decididos a interpretar as mudanças de

([18]) Rood, *Théorie scientifique des couleurs*, pp. 154-159.

qualidade em mudanças de quantidade, começamos por estabelecer o princípio de que todo o objeto tem a sua cor própria, determinada e invariável. E quando a tonalidade dos objetos se aproximar do amarelo ou do azul, em vez de dizermos que vemos a sua cor mudar sob a influência de um acréscimo ou de diminuição de iluminação, afirmaremos que esta cor permanece a mesma, mas que a nossa sensação de intensidade luminosa aumenta ou diminui. Substituímos ainda, pois, a impressão qualitativa que a nossa consciência recebe pela interpretação quantitativa que o nosso entendimento lhe empresta. Helmholtz assinalou um fenómeno de interpretação do mesmo género, mas ainda mais complicado: «Se se compuser o branco com duas cores espectrais e se aumentarmos ou diminuirmos na mesma proporção as intensidades das duas luzes cromáticas de tal maneira que as proporções da mistura permaneçam as mesmas, a cor daí resultante será a mesma, ainda que a relação de intensidade das sensações mude consideravelmente... Isto deve-se a que a luz solar, que consideramos como sendo o branco normal, durante o dia, experimenta também, quando a intensidade luminosa varia, modificações análogas na sua gradação.» ([19])

Apesar de tudo, se muitas vezes avaliamos as variações da fonte luminosa pelas mudanças relativas da cor dos objectos que nos circundam, isto já não acontece nos casos simples, em que um objeto único, uma superfície branca por exemplo, passa sucessivamente por diversos graus de luminosidade. Devemos insistir muito especialmente neste último ponto. A física fala, de facto, dos graus de intensidade luminosa como de verdadeiras quantidades: não é verdade que se medem com o fotómetro? O psicofísico vai ainda mais longe: pretende que a nossa própria vista avalia as intensidades da luz. Tentaram-se

([19]) *Optique physiologique*, trad. fr., p. 423.

experiências, em primeiro lugar, por Delboeuf ([20]) e, depois, por Lehmann e Neiglick ([21]), para estabelecer uma fórmula psicofísica pela medição direta das nossas sensações luminosas. Não contestaremos os resultados destas experiências, nem o valor dos processos fotométricos, mas tudo depende da interpretação que se lhes dá.

Observai com atenção uma folha de papel iluminada por quatro velas, por exemplo, e apagai sucessivamente uma, duas, três delas. Dizeis que a superfície continua branca e que o seu brilho diminui. Sabeis com efeito que se acaba de apagar uma vela, ou, se não sabeis, reparastes muitas vezes numa mudança análoga no aspeto de uma superfície branca quando se diminui a iluminação. Mas ponde de lado estas recordações e os vossos hábitos de linguagem: o que realmente percecionastes não foi uma diminuição da superfície branca, mas um sombreado que passou pela superfície quando se apagou a vela. Esta sombra é uma realidade para a vossa consciência, como a própria luz. Se chamardes branca à superfície primitiva com todo o seu brilho, haverá que dar outro nome ao que vedes, porque é outra coisa: seria, se assim se pode falar, um novo matiz do branco. Será necessário dizer tudo agora? Habituámo-nos, pela nossa experiência passada, e também em virtude das teorias físicas, a considerar o preto como uma ausência, ou, pelo menos, como um mínimo de sensação luminosa, e os cambiantes sucessivos do cinzento como intensidades decrescentes da luz branca. Pois bem, o preto tem tanta realidade para a nossa consciência como o branco e as intensidades decrescentes da luz branca iluminando uma determinada superfície seriam, para uma consciência não prevenida, outros tantos matizes diferentes, bastante parecidos com as diversas cores do espectro.

---

([20]) *Éléments de psychophysique*, Paris, 1883.

([21]) Ver o resumo destas experiências na *Revue philosophique*, 1887, t. I, p. 71, e t. II, p. 180.

O que demonstra isto bem é que a mudança não é contínua na sensação, ao contrário da sua causa exterior, ou seja, que a luz pode aumentar ou diminuir durante um certo tempo sem que a iluminação da nossa superfície branca nos pareça mudar. Só parecerá mudar, de facto, quando o aumento ou a diminuição da luz exterior forem suficientes para criar uma nova qualidade. As variações de brilho de uma cor determinada – abstraindo das sensações afetivas, de que acima se falou – reduzir-se-iam, portanto, a mudanças qualitativas, se não tivéssemos adquirido o hábito de pôr a causa no efeito e de substituir a nossa impressão natural pelo que a experiência e a ciência nos ensinam. Dir-se-ia que se trata de outros tantos graus de saturação. Com efeito, se as diversas intensidades de uma cor correspondem a outros tantos matizes diferentes compreendidos entre esta cor e o preto, os graus de saturação são como matizes intermédios entre esta mesma cor e o branco puro. Poderíamos dizer que toda a cor se pode ver sob um duplo aspeto, sob o ponto de vista do preto e sob o do branco. O preto seria para a intensidade o que o branco é para a saturação.

Compreender-se-á agora o sentido das experiências fotométricas. Uma vela colocada a uma certa distância de uma folha de papel ilumina-a de uma certa maneira: duplicai a distância e verificareis que são necessárias quatro velas para despertar em vós a mesma sensação. Daqui concluís que, se tivésseis duplicado a distância sem aumentar a intensidade da fonte luminosa, o efeito de iluminação teria sido quatro vezes menor. Mas é evidente que aqui se trata do efeito físico e não psicológico. Não se pode, pois, dizer que comparámos duas sensações entre si: utilizámos uma única sensação para comparar entre si duas fontes luminosas diferentes, a segunda quádrupla da primeira, mas duas vezes mais distante do que ela. Numa palavra, o físico nunca faz intervir sensações duplas ou triplas uma das outras, mas apenas sensações idênticas, destinadas a servir de intermediárias entre duas quantidades físicas que poderemos então igualar uma à outra. A sensação luminosa desempenha aqui o papel das incógnitas auxiliares que o matemático introduz nos seus cálculos e que desaparecem no resultado final.

O objetivo do psicofísico é totalmente diverso: é a própria sensação luminosa que ele estuda e pretende medir. Ora procederá a uma integração de diferenças infinitamente pequenas, segundo o método de Fechner, ora comparará diretamente uma sensação com outra. Este último método, da autoria de Plateau e Delbœuf, difere muito menos do que se pensou até agora do de Fechner, mas, como se relaciona mais particularmente com as sensações luminosas, dele nos ocuparemos em primeiro lugar. Delboeuf põe um observador perante três anéis concêntricos com iluminação variável. Um dispositivo engenhoso permite-lhe fazer passar cada um destes anéis por cores intermédias entre o branco e o preto. Suponhamos duas destas cores cinzentas simultaneamente produzidas nos dois anéis e conservadas inalteráveis. Chamar-lhes-emos A e B, por exemplo. Delboeuf varia a iluminação C do terceiro anel e pede ao observador que lhe diga se, num determinado momento, a cor cinzenta B lhe parecia igualmente distante das outras duas. Chega uma altura em que este declara que o contraste AB é igual ao contraste BC, de tal maneira que se poderia construir, segundo Delboeuf, uma escala de intensidades luminosas em que se passaria de cada uma das sensações à seguinte por contrastes sensíveis iguais. As nossas sensações medir-se-iam assim umas pelas outras. Não acompanharemos Delboeuf nas conclusões extraídas destas brilhantes experiências. A questão essencial, a única questão, para nós, é saber se um contraste AB, formado pelos elementos A e B, é realmente igual a um contraste BC, composto de maneira diferente. No dia em que se tiver estabelecido que duas sensações podem ser iguais sem ser idênticas, estaria fundada a psicofísica. Mas é esta igualdade que nos parece contestável. De facto, é fácil explicar como uma sensação de intensidade luminosa se pode dizer que está a igual distância das outras duas.

Suponhamos por um instante que, após o nosso nascimento, as variações de intensidade de uma fonte luminosa tivessem sido traduzidas para a nossa consciência pela perceção sucessiva das diversas cores do espectro. Não há dúvida de que estas cores nos apareceriam então como outras tantas notas duma gama, como graus mais ou menos elevados numa escala, como grandezas, numa palavra. Por outro lado, ser-nos-ia fácil indicar para cada uma o seu lugar na série. Com efeito, embora a causa extensiva varie de uma maneira contínua, a sensação colorida muda de um modo descontínuo, passando de um matiz a outro. Por mais numerosos que possam ser, pois, os matizes intermédios entre duas cores A e B, poderemos sempre contá-los, pelo menos grosseiramente, com o pensamento e verificar se este número é quase igual ao dos matizes que separam B de outra cor C. Neste último caso, dir-se-á que B está a igual distância de A e C, que o contraste é o mesmo num caso e noutro. Mas não passaria de uma interpretação cómoda, pois, apesar de o número de matizes intermédios ser igual dos dois lados, apesar de se passar de um para o outro por saltos bruscos, não sabemos se estes saltos são grandezas, nem se são grandezas iguais. Sobretudo, seria necessário mostrar que os intermédios que serviram de medida se encontram de algum modo no objeto medido. Caso contrário, é apenas por metáfora que uma sensação se poderá dizer que está a igual distância das outras duas.

Ora, se concordarem com o que antes dissemos sobre as intensidades luminosas, reconhecer-se-á que as diversas tonalidades cinzentas apresentadas por Delboeuf à nossa observação são, para a nossa consciência, completamente análogas às cores, e se declararmos que uma tonalidade cinzenta está equidistante das outras duas tonalidades cinzentas, é no mesmo sentido em que se poderia dizer que o alaranjado, por exemplo, está a igual distância do verde e do vermelho. Só que existe a diferença de, em toda a nossa experiência passada, a sucessão das tonalidades cinzentas se ter produzido a propósito de um aumento ou de uma diminuição progressiva de iluminação. Daí que façamos para as diferenças de brilho o que não pensamos fazer para as diferenças de coloração: transformamos as mudanças de qualidade em variações de grandeza. Aliás, a medição é fácil porque os matizes sucessivos do cinzento produzidos pela diminuição contínua de iluminação são descontínuos, visto serem qualidades, e podemos contar aproximativamente os principais intermédios que separaram dois deles. O contraste AB declarar-se-á, pois, igual ao contraste BC quando a nossa imaginação, ajudada pela memória, interpuser em ambos os casos um número idêntico de pontos de referência. Aliás, esta apreciação deverá ser das mais grosseiras e pode prever-se que variará consideravelmente com as pessoas. Sobretudo, é de esperar que as hesitações e os desvios de apreciação sejam tanto mais acentuados quanto mais se aumentar a diferença de brilho entre os anéis A e B, porque será necessário um esforço cada vez maior para avaliar a quantidade de tonalidades intercalares. É exatamente o que acontece, e disto nos convenceremos sem dificuldade ao lançarmos uma vista de olhos pelos dois quadros elaborados por Delboeuf ([22]). À medida que aumenta a diferença de brilho entre o anel exterior e o médio, a diferença entre as medidas em que se detêm sucessivamente um mesmo observador ou observadores distintos aumenta de uma maneira quase contínua de 3 graus para 94, de 5 para 73, de 10 para 25, de 7 para 40. Mas deixemos de lado estas diferenças. Suponhamos que os observadores estão sempre de acordo consigo próprios e sempre de acordo entre si; ter-se-ia estabelecido que os contrastes AB e BC são iguais? Em primeiro lugar, seria necessário provar que dois contrastes elementares sucessivos são quantidades iguais, e apenas sabemos que são sucessivos. Em seguida, haveria que ter estabelecido que se encontram numa dada tonalidade cin-

([22]) *Éléments de psychologie*, pp. 61 e 69.

zenta as tonalidades inferiores pelas quais a nossa imaginação passou para avaliar a intensidade objetiva da fonte luminosa. Numa palavra, o psicofísico Delboeuf supõe um postulado teórico da mais alta importância, em vão dissimulado nas aparências experimentais, que formularíamos assim: «Quando se aumenta de uma maneira contínua a quantidade objetiva de luz, as diferenças entre as tonalidades cinzentas sucessivamente alcançadas, diferenças que traduzem, cada qual, o menor acréscimo percepcionado da excitação física, são quantidades iguais entre si. E mais ainda: pode igualar-se qualquer uma das sensações obtidas com a soma das diferenças que separam entre si as sensações anteriores, após a sensação nula.» Ora, esse é precisamente o postulado da psicofísica de Fechner, que vamos examinar.

Fechner partiu de uma lei descoberta por Weber segundo a qual, dada uma certa excitação que provoca uma determinada sensação, a quantidade de excitação que é necessário acrescentar à primeira para que a consciência se aperceba de uma mudança estará com ela numa constante relação. Assim, designando por E a excitação que corresponde à sensação S e por ΔE a quantidade de excitação da mesma natureza que é necessário acrescentar à primeira para que uma sensação de diferença se produza, teríamos $\frac{\Delta E}{E} = const.$ Esta fórmula foi profundamente alterada pelos discípulos de Fechner. Não interviremos no debate; cabe à experiência decidir entre a relação estabelecida por Weber e as que a substituem. Aliás, não teremos qualquer dificuldade em admitir a existência provável de uma lei deste género. Com efeito, não se trata de medir a sensação, mas apenas de determinar o momento exato em que um acréscimo de excitação a faz alterar. Ora, se uma determinada quantidade de excitação produz um matiz determinado de sensação, é claro que a quantidade mínima de excitação exigida para provocar uma alteração deste matiz é também determinada, e, já que não é constante, deve ser função da excitação a que se acrescenta. Mas como passar de uma relação entre a excitação e o seu acréscimo mínimo a uma equação que relaciona a «quantidade da sensação» com a excitação correspondente? Toda a psicofísica está nesta passagem, que importa estudar atentamente.

Distinguiremos vários artifícios diferentes na operação pela qual se passa das experiências de Weber, ou de qualquer outra série de observações análogas, para uma lei psicofísica como a de Fechner. Convém, antes de mais, considerar como um acréscimo da sensação S a consciência que temos de um acréscimo de excitação. Chamar-lhe-emos, portanto, $\Delta S$. A seguir, estabelece-se como princípio que todas as sensações $\Delta S$ correspondentes ao menor acréscimo percetível de uma excitação são iguais entre si. Tratam-se, então, como quantidades, e sendo estas quantidades, por um lado, sempre iguais, enquanto, por outro, a experiência nos demonstrou que há uma certa relação $\Delta E = f(E)$ entre a excitação E e o seu acréscimo mínimo, exprime-se a constante $\Delta S$ escrevendo $\Delta S = C \frac{\Delta E}{f(E)}$, sendo C uma quantidade constante. Finalmente, convém substituir as diferenças muito pequenas $\Delta S$ e $\Delta E$ pelas diferenças infinitamente pequenas $dS$ e $dE$, obtendo-se desta vez uma equação diferencial $dS = C \frac{dE}{f(E)}$. Então, só faltará integrar estes dois membros para obter a relação procurada ([23]): $S = C \int_0^E \frac{dE}{f(E)}$; E passar-se-á assim de uma lei verificada, em que só a aparição da sensação estava em causa, para uma lei inverificável, que lhe proporciona a medida.

Sem entrar numa discussão aprofundada desta engenhosa operação, mostremos em poucas palavras como Fechner captou a verdadeira dificuldade do problema, como tentou

([23]) No caso particular em que se admite sem restrição da lei de Weber $\frac{\Delta E}{E}$ = *const.*, a integração dá $S = C \log \frac{E}{Q}$, sendo Q uma constante. É a «lei logarítmica» de Fechner.

ultrapassá-la e onde reside, na nossa opinião, o vício do seu raciocínio.

Fechner compreendeu que em psicologia não se poderia introduzir a medida sem primeiro definir a igualdade e a adição de dois estados simples, de duas sensações, por exemplo. Por outro lado, a não ser que fossem idênticas, não se vê, em primeiro lugar, como duas sensações seriam iguais. Não há dúvida de que no mundo físico igualdade não é sinónimo de identidade. Mas isso deve-se a que todo o fenómeno, todo o objeto, se apresenta sob um duplo aspeto, um qualitativo e outro extensivo. Nada impede que se abstraia do primeiro, não restando então senão termos com possibilidade de serem sobrepostos direta ou indiretamente e, por consequência, de todos se identificarem. Ora, este elemento qualitativo, que começamos por eliminar das coisas exteriores para tornar a sua medida possível, é precisamente o que a psicofísica retém e pretende medir. E é em vão que ela procuraria avaliar esta qualidade Q mediante alguma quantidade física Q' situada abaixo dela, porque seria necessário ter mostrado previamente que Q é função de Q' e isto só poderia fazer-se se, previamente, se tivesse medido a qualidade Q com alguma fração de si própria. Assim, nada impediria que se medisse a sensação de calor com o grau de temperatura, mas isto não passaria de uma convenção, e a psicofísica consiste precisamente em rejeitar esta convenção e em procurar como a sensação de calor varia quando varia a temperatura. Em síntese, parece que duas sensações diferentes não se podem dizer iguais a não ser que algum fundo idêntico permaneça após a eliminação da sua diferença qualitativa. Por outro lado, visto que esta diferença qualitativa é tudo o que sentimos, não se vê o que poderia subsistir, uma vez ela eliminada.

A originalidade de Fechner está em não ter julgado insuperável esta dificuldade. Aproveitando-se do facto de a sensação variar por saltos bruscos quando a excitação cresce de maneira contínua, não hesitou em designar estas diferenças de sensação com o mesmo nome: são diferenças *mínimas*, com efeito, porque cada uma corresponde ao menor acréscimo percetível da excitação exterior. Por conseguinte, podeis abstrair do matiz ou qualidade específica destas diferenças sucessivas. Permanecerá um fundo comum mediante o qual se identificarão de alguma maneira como um todo: são *mínimas* umas e outras. Eis a definição procurada da igualdade. A da adição seguir-se-lhe-á naturalmente. É que, se tomarmos como quantidade a diferença percecionada pela consciência entre duas sensações que se sucedem ao longo de um acréscimo contínuo de excitação, se chamarmos à primeira S e à segunda S + ΔS, deveremos considerar toda a sensação S como uma soma obtida por adição das diferenças mínimas por que se passa antes de a atingir. Não nos restará então mais nada senão utilizar esta dupla definição para estabelecer uma relação, primeiro, entre as diferenças ΔS e ΔE e, depois, por intermédio dos diferenciais, entre as duas variáveis. É verdade que os matemáticos poderão aqui protestar contra a passagem da diferença ao diferencial. Os psicólogos interrogar-se-ão se a quantidade ΔS, em vez de ser constante, não variará como a própria sensação S ([24]): finalmente, vamos discutir sobre o verdadeiro sentido da lei psicofísica, uma vez estabelecida. Mas só pelo facto de considerarmos ΔS como uma quantidade e S como uma soma é que se admite o postulado fundamental de toda a operação.

Ora, é este postulado que nos parece contestável e até muito pouco inteligível. Imagine-se que experimento uma sensação S e que, ao fazer aumentar a excitação de uma maneira contínua, me dou conta deste acréscimo ao fim de certo tempo. Eis que me apercebi do acréscimo da causa, mas que relação estabelecer entre esta perceção e uma diferença? Sem dúvida, aqui a advertência consiste no facto de o estado primitivo S ter mudado:

---

([24]) Nestes últimos tempos, supôs-se que ΔS é proporcional a S.

tornou-se S'. Mas, para que a passagem de S a S' fosse comparável a uma diferença aritmética, seria necessário que tivesse consciência, por assim dizer, de um intervalo entre S e S', e que a minha sensibilidade subisse de S para S' com a adição de qualquer coisa. Atribuindo a esta passagem um nome, chamando-lhe ΔS, fazeis dela, antes de mais, uma realidade e, depois, uma quantidade. Ora, não somente não podeis explicar em que sentido esta passagem é uma quantidade, mas aperceber-vos-eis, reflectindo sobre ela, que nem sequer é uma realidade; só os estados S e S', por que se passa, é que são reais. Decerto, se S e S' fossem números, poderia afirmar a realidade da diferença S' – S, ainda quando S e S' fossem os únicos dados: é que o número S' – S, que é uma certa soma de unidades, representará precisamente então os momentos sucessivos da adição por que se passa de S a S'. Mas se S e S' são estados simples, em que consistirá o intervalo que os separa? E que será, pois, a passagem do primeiro estado para o segundo senão um ato do vosso pensamento, que assimila arbitrariamente, e por necessidade da causa, uma sucessão de dois estados a uma diferenciação de duas grandezas?

Ou vos limitais ao que a vossa consciência vos proporciona, ou lançais mão de um modo de representação convencional. No primeiro caso, encontrareis entre S e S' uma diferença análoga à dos matizes do arco-íris, e nenhum intervalo de grandeza. No segundo, podereis introduzir o símbolo ΔS, se quiserdes, mas será por convenção que falareis de diferença aritmética, e também por convenção que assimilareis uma dada sensação a uma soma. O mais arguto dos críticos de Fechner, Jules Tannery, elucidou plenamente este último ponto: «Dir-se-á, por exemplo, que uma sensação de 50 graus é expressa pelo número de sensações diferenciais que se sucederiam após a ausência de sensação até à sensação de 50 graus... Não vejo aqui outra coisa senão uma definição, tão legítima como arbitrária.» ([25])

([25]) *Revue scientifique*, 13 de março e 24 de abril de 1875.

Não acreditamos, por muito que se tenha dito, que o método das graduações médias tenha feito entrar a psicofísica numa nova via. A originalidade de Delboeuf esteve em escolher um caso particular em que a consciência parecia dar razão a Fechner, e onde o próprio senso comum foi psicofísico. Interrogou-se se certas sensações não nos apareciam imediatamente como iguais, embora diferentes, e se não se poderia estabelecer, por seu intermédio, um quadro de sensações duplas, triplas, quádruplas umas das outras. O erro de Fechner, dizíamos nós, foi ter acreditado num intervalo entre duas sensações sucessivas S e S', quando de uma para outra apenas há uma passagem, e não uma diferença no sentido aritmético da palavra. Mas se os dois termos entre os quais se efetua a passagem pudessem ser dados simultaneamente, então haveria um contraste, além da passagem; e ainda que o contraste não seja ainda uma diferença aritmética, assemelha-se em determinado aspeto; os dois termos que se comparam estão um perante o outro como numa subtração de dois números. Suponhamos agora que estas sensações são da mesma natureza e que constantemente, na nossa experiência passada, assistimos à sua desfilada, por assim dizer, enquanto a excitação física crescia de uma maneira contínua: é muitíssimo provável que poremos a causa no efeito e que a ideia de contraste virá a fundir-se na de diferença aritmética. Por outro lado, porque já observámos que a sensação mudava bruscamente enquanto o progresso da excitação era contínuo, avaliaremos sem dúvida a distância entre duas determinadas sensações pelo número, grosseiramente reconstituído, destes saltos bruscos, ou pelo menos das sensações intermédias que normalmente nos servem de escalões. Em síntese, o contraste aparecer-nos-á como uma diferença, a excitação como uma quantidade e o salto brusco como um elemento de igualdade; combinando estes três fatores, chegaremos à ideia de diferenças quantitativas iguais. Ora, nunca estas condições estão tão bem realizadas como em superfícies da mesma cor, mais ou menos iluminadas, que se nos apresentam simultaneamente. Não só aqui há contraste entre sensações análogas, mas estas sensações correspondem a uma causa cuja influência sempre nos pareceu estreitamente ligada à distância; e como esta distância pode variar de uma maneira contínua, devemos ter notado, na nossa experiência passada, uma enorme quantidade de matizes de sensações a sucederem-se ao longo de um acréscimo contínuo da causa. Portanto, poderemos dizer que o contraste de uma primeira tonalidade cinzenta com uma segunda, por exemplo, nos parece quase igual ao contraste da segunda com a terceira; e se se definissem duas sensações iguais dizendo que são sensações que um raciocínio, mais ou menos confuso, interpreta como tais, obter-se-á, de facto, uma lei como a proposta por Delboeuf. Mas não se deverá esquecer que a consciência passou pelos mesmos intermediários que o psicofísico, e que a sua apreciação vale tanto aqui como a psicofísica: é uma interpretação simbólica da qualidade em quantidade, uma apreciação mais ou menos grosseira do número de sensações que se poderiam intercalar entre duas determinadas sensações. Portanto, a diferença entre o método das modificações mínimas e o das graduações médias, entre a psicofísica de Fechner e a de Delboeuf, não é assim tão considerável como se pensa. A primeira desemboca numa medida convencional da sensação; a segunda apela para o senso comum nos casos particulares em que se adota uma convenção análoga. Em síntese, toda a psicofísica está condenada pela sua própria origem a girar num círculo vicioso, porque o postulado teórico em que assenta a condena a uma verificação experimental, e ela não pode verificar-se experimentalmente a não ser que se admita previamente o seu postulado. É que não há nenhum contacto entre o intenso e o extenso, entre a qualidade e a quantidade. Pode interpretar-se uma pela outra, tornar uma equivalente à outra, mas, mais tarde ou mais cedo, no princípio ou no fim, há que reconhecer o caráter convencional desta assimilação.

Em boa verdade, a psicofísica nada mais fez do que formular com precisão e levar até às suas últimas consequências uma conceção familiar ao sentido comum. Como falamos mais do que pensamos, visto que também os objetos exteriores, que são do domínio comum, têm mais importância para nós do que os estados subjetivos por que passamos, temos todo o interesse em objetivar tais estados, introduzindo neles, na maior medida possível, a representação da sua causa exterior. E quanto mais os nossos conhecimentos aumentam, mais nos apercebemos do extensivo por detrás do intensivo, da quantidade por detrás da qualidade, mais tendemos também a pôr o primeiro termo no lugar do segundo, e a lidar com as nossas sensações como se fossem grandezas. A física, cujo papel é precisamente submeter ao cálculo a causa exterior dos nossos estados internos, preocupa-se o menos possível com estes estados: contínua e preconceituosamente, confunde-os com a sua causa. Encoraja, pois, e até exagera, neste ponto a ilusão do senso comum. Fatalmente devia chegar a altura em que, familiarizada com a confusão entre a qualidade e a quantidade e entre a sensação e a excitação, a ciência procuraria medir uma como mede a outra: tal foi o objectivo da psicofísica. Fechner foi encorajado a esta ousada tentativa pelos seus próprios adversários, pelos filósofos que falam de grandezas intensivas, ao mesmo tempo que declaram os estados psíquicos refratários à medida. De facto, se se admite que uma sensação pode ser mais forte do que outra e que esta desigualdade reside nas próprias sensações, independentemente de toda a associação de ideias, de toda a consideração mais ou menos consciente de número e de espaço, é natural investigar como a primeira sensação ultrapassa a segunda, e estabelecer uma relação quantitativa entre as respectivas intensidades. E de nada vale responder, como frequentemente fazem os adversários da psicofísica, que toda a medida implica sobreposição, e que é despropositado procurar uma relação numérica entre intensidades, que não são coisas que se possam sobrepor. É que então será necessário explicar porque é que uma sensação se considera mais intensa do que outra, e como se podem chamar maiores ou menores coisas que – como acabámos de ver – não admitem qualquer relação entre continente e conteúdo. Quase daríamos razão a Fechner e aos psicofísicos se, para cortar pela raiz toda a questão deste género, distinguíssemos duas espécies de quantidade, uma intensiva, suscetível apenas do mais e do menos, e outra extensiva, prestando-se à medição. Pois, desde que uma coisa é suscetível de aumentar e diminuir, é natural investigarmos quanto diminui e quanto cresce. E porque uma medida deste género não parece diretamente possível, não se segue que a ciência não possa ter êxito por qualquer processo indireto, quer mediante uma integração de elementos infinitamente pequenos, como propõe Fechner, quer mediante outro processo escuso. Ou a sensação é, pois, uma qualidade pura ou, se é uma grandeza, deve procurar medir-se.

Para resumir o que precede, diremos que a noção de intensidade se apresenta sob um duplo aspeto, conforme se estudam os estados de consciência representativos de uma causa exterior ou os que se bastam a si próprios. No primeiro caso, a perceção da intensidade consiste numa certa avaliação da grandeza da causa por uma certa qualidade do efeito: é, como diriam os Escoceses, uma perceção adquirida. No segundo, chamamos intensidade à multiplicidade mais ou menos apreciável de factos psíquicos simples que adivinhamos no interior do estado fundamental: não é uma perceção adquirida, mas uma perceção confusa. Aliás, estes dois sentidos da palavra interpenetram-se quase sempre, porque os factos mais simples que uma emoção ou um esforço encerram são geralmente representativos, e a maioria dos estados representativos, por serem simultaneamente afetivos, abarcam também uma multiplicidade de factos psíquicos elementares. A ideia de intensidade situa-se, pois, no ponto de junção de duas correntes, trazendo-nos uma a partir de fora a ideia de grandeza extensiva e indo a outra buscar às profundidades da consciência, para a trazer à superfície, a imagem de uma multiplicidade interna. Fica por saber em que consiste esta última imagem, se se confunde com a do número, ou se dela difere radicalmente. No capítulo que se segue, consideraremos os estados de consciência isoladamente uns dos outros, mas na sua multiplicidade concreta, enquanto se desenrolam na pura duração. E assim como nos interrogámos sobre o que seria a intensidade de uma sensação representativa se nela não introduzíssemos a ideia da sua causa, também agora deveremos investigar o que acontece à multiplicidade dos nossos estados internos, que forma afeta a duração, quando se abstrai do espaço em que ela se desenvolve. Esta segunda questão é tão importante como a primeira, mas de modo diverso. É que se a confusão da qualidade com a quantidade se limitasse a cada um dos factos de consciência tomados isoladamente, criaria mais obscuridades, como acabámos de ver, do que problemas. Mas, ao invadir a série dos nossos estados psicológicos, ao introduzir o espaço na nossa concepção da duração, corrompe, na própria fonte, as nossas representações da mudança exterior e da mudança interior, do movimento e da liberdade. Daí os sofismas da escola de Eleia, daí o problema do livre arbítrio. Insistiremos de preferência no segundo ponto; mas, em vez de procurar resolver a questão, demonstraremos a ilusão dos que a levantam.

## Capítulo 2

# Da multiplicidade dos estados de consciência[1]: A ideia de duração

Define-se geralmente o número como uma coleção de unidades, ou, para falar com maior precisão, a síntese do uno e do múltiplo. Todo o número é uno, já que se representa por uma intuição simples do espírito e lhe atribuímos um nome; mas esta unidade é a de uma soma; abrange uma multiplicidade de partes que se podem considerar isoladamente. Sem aprofundar agora as noções de unidade e de multiplicidade, interroguemo-nos se a ideia de número não implicará a representação de alguma outra coisa ainda.

---

(1) O nosso trabalho já estava totalmente terminado quando lemos, na *Critique philosophique* (anos de 1883 e 1884), uma notável refutação, por F. Pillon, de um interessante artigo de G. Noël sobre a solidariedade das noções de número e de espaço. Contudo não vimos necessidade de modificar nada nas páginas que se irão ler, porque Pillon não distingue entre o tempo qualidade e o tempo quantidade, entre a multiplicidade de justaposição e a de penetração mútua. Sem esta distinção tão importante, que constitui o assunto principal do nosso segundo capítulo, poderíamos defender, com Pillon, que a relação de coexistência é suficiente para a construção do número.

Não basta dizer que o número é uma coleção de unidades; há que acrescentar que estas unidades são idênticas entre si ou, pelo menos, que as supomos idênticas desde que as contemos. É claro que ao contarmos os carneiros de um rebanho diremos que tem cinquenta, embora se distingam uns dos outros e o pastor os conheça facilmente; mas é porque se concorda em deixar de lado as suas diferenças individuais para só ter em consideração a sua função comum. Pelo contrário, desde que se fixe a atenção nos traços particulares dos objetos ou dos indivíduos, pode fazer-se a sua enumeração, mas nunca a soma. É sob estes dois pontos de vista muito diferentes que nos colocamos quando se contam os soldados de um batalhão e se faz a chamada. Logo, diremos que a ideia de número indica a intuição simples de uma multiplicidade de partes e de unidades absolutamente parecidas umas com as outras.

E, contudo, importa que se distingam em qualquer coisa, já que não se confundem numa única. Suponhamos que todos os carneiros do rebanho são idênticos entre si; diferem pelo menos em virtude do lugar que ocupam no espaço; caso contrário, não formariam um rebanho. Mas deixemos de lado os cinquenta carneiros para deles retermos apenas a ideia. Ou os compreendemos todos sob a mesma imagem, e, por consequência, torna-se necessário justapô-los num espaço ideal, ou repetimos cinquenta vezes, de seguida, a imagem de um deles,

---

Mas que se entende aqui por coexistência? Se os termos que coexistem se organizam conjuntamente, nunca deles derivará o número; se permanecem distintos, é porque se justapõem e ainda estamos no espaço. De nada vale referir o exemplo das impressões simultâneas recebidas por vários sentidos. Ou mantemos nestas sensações as suas diferenças específicas, o que equivale a não contá-las, ou abstraímos delas, e, então, como as distinguiríamos a não ser pela sua posição ou pela dos seus símbolos? Veremos que o verbo *distinguir* tem dois sentidos, um qualitativo e outro quantitativo: estes dois sentidos foram confundidos, julgamos nós, por todos quantos trataram das relações com o espaço.

e então parece que a série, mais do que no espaço, se situa na duração. E, contudo, não é nada disto. Se representar um a um, e isoladamente, cada um dos carneiros do rebanho, lidarei sempre apenas só com um carneiro. Para que o número vá aumentando à medida que avanço, é necessário que retenha as imagens sucessivas e as justaponha a cada uma das novas unidades de que evoco a ideia; ora, é no espaço que semelhante justaposição se opera, e não na duração pura. Aliás, concordar-se-á, sem custo, que toda a operação pela qual se contam os objetos materiais implica a representação simultânea destes objetos e que, por isso mesmo, os deixamos no espaço. Mas a intuição do espaço acompanhará toda a ideia de número, mesmo a de um número abstrato?

Para responder a esta questão, bastará que cada qual passe em revista as diversas formas que a ideia de número adquiriu para si desde a infância. Ver-se-á que começámos por imaginar uma fila de bolas, por exemplo, depois que elas se transformaram em pontos e que, por fim, desapareceu esta imagem para só deixar atrás de si, diríamos nós, o número abstrato. Mas, nesse momento, também o número deixou de se imaginar e de se pensar; dele apenas conservámos o sinal, necessário ao cálculo, pelo qual se convencionou exprimi-lo. Com efeito, pode muito bem afirmar-se que 12 é metade de 24 sem pensar nem no número 12 nem no 24; aliás, para que as operações sejam rápidas, há todo o interesse em o não fazer. Mas, desde que se deseje representar o número, e não apenas algarismos ou palavras, forçoso é voltar a uma imagem extensa. A ilusão deriva aqui do hábito adquirido de contar, parece-nos, mais no tempo do que no espaço. Para imaginar o número cinquenta, por exemplo, repetir-se-ão todos os números a partir da unidade; e quando se chegar ao cinquenta, julgaremos ter construído perfeitamente o número na duração, e apenas na duração. E é incontestável que se terão assim contado os momentos da duração mais do que os pontos do espaço; mas a questão está em saber se não foi com pontos do espaço que se contaram os momentos da duração. Sem dúvida, é possível perceber no tempo, e apenas no tempo, uma sucessão pura e simples, mas não uma adição, isto é, uma sucessão que viesse a dar numa soma. De facto, se uma soma se obtém pela consideração sucessiva de diferentes termos, ainda é necessário que cada um destes termos persista quando se passa ao seguinte e espere, por assim dizer, que lhe acrescentemos os outros: como esperaria ele, se não passasse de um instante da duração? E onde esperaria, se não o localizássemos no espaço? Involuntariamente, fixamos num ponto do espaço cada um dos momentos que contamos, e é apenas com esta condição que as unidades abstratas formam uma soma. Sem dúvida, é possível, como mostraremos adiante, conceber os momentos sucessivos do tempo independentemente do espaço; mas quando se acrescenta ao instante atual os que o precediam, como acontece quando se somam unidades, não é com base nos próprios instantes que se trabalha, porque desapareceram para sempre, mas sim no vestígio durável que nos parecem ter deixado no espaço, ao atravessá-lo. É verdade que prescindimos, quase sempre, de recorrer a esta imagem, e que depois de a termos usado para os dois ou três primeiros números, nos basta saber que servirá também para a representação dos outros, se dela necessitarmos. Mas toda a ideia clara do número implica uma visão no espaço; e o estudo direto das unidades que entram na composição de uma multiplicidade distinta vai levar-nos, neste ponto, à mesma conclusão que a análise do próprio número.

Todo o número é uma coleção de unidades, dissemos nós, e, por outro lado, todo o número é também uma unidade, enquanto síntese das unidades que o compõem. Mas a palavra unidade toma-se em ambos os casos com o mesmo sentido? Quando afirmamos que o número é uno, entendemos que o representamos na sua totalidade por uma intuição simples e indivisível do espírito; esta unidade contém, pois, uma multiplicidade, porque é a unidade de um todo. Mas quando falamos das unidades que compõem o número, estas últimas unidades já não são somas, pensamos nós, mas sim unidades puras e simples, irredutíveis, e destinadas a dar a série dos números ao comporem-se indefinidamente entre si. Parece, pois, que há duas espécies de unidades, uma definitiva, que formará um número acrescentando-se a ela mesma, e a outra provisória, a deste número que, múltiplo em si mesmo, deve a sua unidade ao ato simples pelo qual a inteligência o apreende. E é incontestável que, ao representarmos as unidades que compõem o número, julgamos pensar em indivisíveis: esta crença entra, em grande parte, na ideia de que se poderia conceber o número independentemente do espaço. No entanto, prestando mais atenção, ver-se-á que qualquer unidade resulta de um ato simples do espírito e que, consistindo este ato em unir, é necessário que alguma multiplicidade lhe sirva de matéria. Sem dúvida, no momento em que penso em cada uma destas unidades isoladamente, considero-a como indivisível, porque se entende que não penso senão nela. Mas, logo que a deixo de lado para passar à seguinte, objetivo-a, e por isso mesmo faço dela uma coisa, isto é, uma multiplicidade. Bastará, para disso nos convencermos, observar que as unidades com as quais a aritmética forma números são unidades provisórias, suscetíveis de se dividirem indefinidamente, e que cada uma constitui uma soma de quantidades fracionárias, tão pequenas e tão numerosas quanto imaginar se queira. Como se dividiria a unidade, caso se tratasse da unidade definitiva que caracteriza um ato simples do espírito? Como a fracionaríamos, declarando-a ao mesmo tempo una, se a não considerássemos implicitamente como um objeto extenso, uno na intuição, múltiplo no espaço? Nunca podereis extrair de uma ideia por vós construída o que nela não pusestes, e se a unidade com que compusestes o vosso número é a unidade de um ato, e não de um objeto, nenhum esforço de análise dela extrairá algo que não seja a unidade pura e simples. Sem dúvida, quando igualais o número três à soma 1+1+1, nada vos impede de considerar indivisíveis as unidades que o compõem, mas é porque não utilizais a multiplicidade de que cada uma das unidades está cheia. Aliás, é provável que o número 3 se apresente, antes de mais, sob esta forma simples ao nosso espírito, porque pensaremos mais na maneira como o obtivemos do que no uso que dele poderíamos fazer. Mas não demoraremos a aperceber-nos de que, se toda a multiplicação implica a possibilidade de lidar com qualquer número como uma unidade provisória que se acrescentaria a ela mesma, inversamente, e por sua vez, as unidades são verdadeiros números, tão grandes quanto se quiser, que se consideram, porém, como provisoriamente indecomponíveis para os compor entre si. Ora, porque se admite a possibilidade de dividir a unidade em tantas partes quantas se quiser, ela considera-se como extensa.

Com efeito, não deveríamos alimentar ilusões quanto à descontinuidade do número. Não se pode contestar que a formação ou construção de um número implica a descontinuidade. Por outras palavras, como dizíamos acima, cada uma das unidades com as quais se forma o número três parece constituir um indivisível enquanto lido com ela e passo sem transição da anterior à que se segue. Se agora construo o mesmo número com metades, quartos, quaisquer unidades, estas unidades constituirão ainda, enquanto servirem para formar este número, elementos provisoriamente indivisíveis, e é sempre por safanões, por saltos bruscos, se assim nos podemos exprimir, que passaremos de uma a outra. E a razão está em que, para obter um número, é forçoso fixar a atenção, sucessivamente, em cada uma das unidades que o compõem. A indivisibilidade do ato pelo qual se concebe qualquer uma delas traduz-se então na forma de um ponto matemático, que um intervalo vazio separa do ponto seguinte. Mas se uma série de pontos matemáticos escalonados no espaço vazio exprime bastante bem o processo pelo qual formamos a ideia de número, estes pontos matemáticos têm tendência a desenvolverem-se em linhas à medida que a nossa atenção deles se afasta, como se procurassem juntar-se uns aos outros. E quando consideramos o número em estado de acabamento, esta junção é um facto consumado: os pontos tornaram-se linhas, as divisões extinguiram-se, o conjunto apresenta todas as características da continuidade. É por isso que o número, composto segundo uma determinada lei, é decomponível segundo uma lei qualquer. Numa palavra, é necessário distinguir entre a unidade em que se pensa e a unidade que coisificamos após nela termos pensado, assim como entre o número em vias de formação e o número uma vez formado. A unidade é irredutível enquanto nela se pensa, e o número é descontínuo enquanto se constrói; mas, quando se considera o número em estado de acabamento, objetiva-se, e é precisamente por isso que aparece então como indefinidamente divisível. Notemos que chamamos subjetivo o que parece inteira e adequadamente conhecido, objetivo o que é conhecido de tal maneira que uma quantidade sempre crescente de impressões novas poderia substituir-se à ideia que atualmente dele temos. Assim, um sentimento complexo conterá um elevado número de elementos mais simples; mas, enquanto tais elementos não se separarem com perfeita nitidez, não se poderá dizer que estavam totalmente realizados e, quando a consciência tiver deles a distinta perceção, o estado psíquico que deriva da sua síntese terá, por isso mesmo, mudado. Mas nada muda no aspeto total de um corpo, seja qual for a maneira como o pensamento o decompõe, porque estas diversas decomposições, assim como outras incontáveis, são já visíveis na imagem, ainda que não realizadas: esta aperceção atual, e não apenas virtual, de subdivisão no individido é precisamente o que chamamos objetividade. Por conseguinte, torna-se fácil elaborar a parte exata do subjetivo e do objetivo na ideia de número. O que propriamente pertence ao espírito é o processo indivisível pelo qual fixa a sua atenção sucessivamente nas diversas partes de um determinado espaço; mas as partes assim isoladas conservam-se para se juntarem a outras, e uma vez adicionadas entre si prestam-se a uma decomposição qualquer: são, pois, partes de espaço, e o espaço é a matéria com a qual o espírito constrói o número, o meio em que o espírito o situa.

Em boa verdade, é a aritmética que nos ensina a dividir indefinidamente as unidades de que o número é feito. O senso comum é muito propenso a construir o número com indivisíveis. E isto é facilmente concebível, já que a simplicidade provisória das unidades componentes é precisamente o que lhes vem do espírito, e porque este presta mais atenção aos seus atos do que à matéria sobre que age. A ciência limita-se a atrair os nossos olhos para esta matéria: se não tivéssemos já localizado o número no espaço, ela não conseguiria, decerto, levar-nos a transpô-los para aí. É preciso, pois, que, desde o princípio, nos tenhamos representado o número por uma justaposição no espaço. É a conclusão a que primeiramente tínhamos chegado, baseando-nos no facto de que toda a adição implica uma multiplicidade de partes, simultaneamente percecionadas.

Ora, se se admite esta conceção do número, ver-se-á que nem todas as coisas se contam da mesma maneira e que há duas espécies muito diferentes de multiplicidade. Quando falamos de objetos materiais, aludimos à possibilidade de os ver e tocar; localizamo-los no espaço. Por conseguinte, nenhum esforço de invenção ou de representação simbólica nos é necessário para os contar; não temos mais do que pensá-los separadamente primeiro, simultaneamente depois, no próprio meio em que se apresentam à nossa observação. Já não acontece o mesmo se considerarmos os estados puramente afetivos da alma, ou até representações diversas das da vista e do tato. Aqui, porque os termos não são dados no espaço, não os poderemos contar, parece, *a priori*, a não ser por qualquer processo de figuração simbólica. É verdade que este modo de representação parece completamente indicado quando se trata de sensações, cuja causa está evidentemente situada no espaço. Assim, quando ouço um ruído de passos na rua, vejo confusamente a pessoa que anda; cada um dos sons sucessivos localiza-se então num ponto do espaço em que o peão poderia pôr o pé; conto as minhas sensações no próprio espaço em que as suas causas tangíveis se alinham. Pode ser que alguns contem de maneira semelhante as sucessivas badaladas de um sino distante; a sua imaginação representa o sino que vai e vem; esta representação de natureza especial basta-lhes para as duas primeiras unidades; as outras unidades seguem-se naturalmente. Mas a maioria dos espíritos não procede assim: alinham os sons sucessivos num espaço ideal e imaginam-se a contar então os sons na pura duração. É, no entanto, necessário entendermo-nos neste ponto. É evidente que os sons do sino me chegam sucessivamente; mas de duas uma. Ou conservo cada uma destas sensações sucessivas para a organizar com as outras e formar um grupo que me lembra uma ária ou um ritmo conhecido; então, não conto os sons, limitando-me a recolher a impressão, por assim dizer, qualitativa que o seu número exerce em mim. Ou, então, proponho-me explicitamente contá-los, e importará, pois, separá-los, e que esta separação se realize em algum meio homogéneo em que os sons, privados das suas qualidades, de alguma maneira vazios, deixem vestígios idênticos da sua passagem. Resta saber, é verdade, se o meio é do tempo ou do espaço. Mas um momento do tempo, repetimo-lo, não pode manter-se para se acrescentar a outros. Se os sons se dissociam é porque deixam entre si intervalos vazios. Se os contamos, é porque os intervalos permanecem entre os sons que passam: como é que estes intervalos permaneceriam, se são pura duração e não espaço? Logo, é no espaço que a operação se efetua. Aliás, ela torna-se cada vez mais difícil à medida que penetramos mais profundamente na consciência. Encontramo-nos aqui na presença de uma multiplicidade confusa de sensações e de sentimentos, que só a análise distingue. O seu número confunde-se com o próprio número dos momentos que eles preenchem quando os contamos; mas estes momentos suscetíveis de se adicionar entre si são ainda pontos do espaço. Donde, finalmente, se deduz que há duas espécies de multiplicidade: a dos objetos materiais, que forma um número imediatamente, e a dos factos de consciência, que não pode adquirir o aspeto de um número sem ser por intermediário de alguma representação simbólica, em que necessariamente intervém o espaço.

Em boa verdade, cada um de nós estabelece uma distinção entre duas espécies de multiplicidade quando fala da impenetrabilidade da matéria. Erige-se, por vezes, a impenetrabilidade em propriedade fundamental dos corpos, conhecida da mesma maneira e admitida ao mesmo título que o peso ou a resistência, por exemplo. Contudo, uma propriedade deste género, puramente negativa, não nos pode ser revelada pelos sentidos; aliás, certas experiências de mistura e de combinação levar-nos-iam a pô-la em dúvida, se a nossa convicção não se tivesse já constituído sobre este ponto. Imaginai que um corpo penetra noutro: suporeis logo neste vazios em que partículas do primeiro virão alojar-se; por sua vez, estas partículas não poderão penetrar-se se uma delas se divide para encher os interstícios da outra; e o nosso pensamento continuará indefinidamente esta operação, em vez de representar dois corpos no mesmo lugar. Ora, se a impenetrabilidade fosse realmente uma qualidade da matéria, conhecida pelos sentidos, não se veria por que experimentaríamos mais dificuldade em conceber dois corpos fundindo-se um no outro de que uma superfície sem resistência ou um fluído imponderável. De facto, não é uma necessidade de ordem física, é uma necessidade lógica que se prende com a proposição seguinte: dois corpos não podem ocupar ao mesmo tempo o mesmo lugar. A afirmação contrária encerra um absurdo que nenhuma experiência concebível conseguiria dissipar:

em síntese, implica uma contradição. Mas não equivale isto a dizer que a própria ideia do número dois, ou, mais geralmente, de qualquer número, implica a de uma justaposição no espaço? Se a impenetrabilidade passa quase sempre por uma qualidade da matéria, é porque se considera a ideia de número como independente da ideia de espaço. Julga-se então acrescentar alguma coisa à representação de dois ou mais objetos dizendo que não podem ocupar o mesmo lugar, como se a representação do número dois, ainda que abstrato, não fosse já, como demonstrámos, a de duas posições diferentes no espaço! Afirmar a impenetrabilidade da matéria é, pois, simplesmente reconhecer a solidariedade das noções de número e de espaço, é enunciar uma propriedade do número mais do que da matéria. – Contudo, contar-se-ão sentimentos, sensações, ideias, todas as coisas que se penetram entre si e que, cada uma por seu lado, ocupam a alma inteira? – Sim, sem dúvida, mas precisamente porque se penetram, só se contam com a condição de as representar por unidades homogéneas, ocupando lugares distintos no espaço, unidades que, por conseguinte, não se penetram. A impenetrabilidade aparece, portanto, ao mesmo tempo que o número; e quando se atribui esta qualidade à matéria para a distinguir de tudo o que não é ela, limitamo-nos a enunciar, sob uma outra forma, a distinção que acima estabelecíamos entre as coisas extensas, que não se podem traduzir imediatamente em número, e os factos de consciência, que implicam, antes de mais, uma representação simbólica no espaço.

Convém determo-nos neste ponto. Se, para contar os factos de consciência, os temos de representar simbolicamente no espaço, não é verosímil que esta representação simbólica modificará as condições normais da perceção interna? Recordemos o que dizíamos um pouco mais acima da intensidade de certos estados psíquicos. A sensação representativa, considerada em si mesma, é qualidade pura; mas, vista através da extensão, esta qualidade torna-se quantidade em certo sentido; chama-se intensidade. Assim a projeção que fazemos dos nossos estados psíquicos no espaço para com eles formarmos uma multiplicidade distinta deve influenciar estes mesmos estados e dar-lhes na consciência reflexiva uma forma nova, que a perceção imediata lhe não atribuía. Ora, observemos que, ao falarmos do tempo, pensamos quase sempre num meio homogéneo onde os nossos factos de consciência se alinham, se justapõem como no espaço e conseguem formar uma multiplicidade distinta. O tempo assim compreendido não seria para a multiplicidade dos nossos estados psíquicos o que a intensidade é para alguns deles um sinal, um símbolo, absolutamente distinto da verdadeira duração? Vamos, pois, pedir à consciência para se isolar do mundo exterior e, mediante um vigoroso esforço de abstração, de novo se tornar ela mesma. Far-lhe-emos, então, esta pergunta: a multiplicidade dos nossos estados de consciência terá a menor analogia com a multiplicidade das unidades de um número? A verdadeira duração terá a mínima relação com o espaço? Sem dúvida, a nossa análise da ideia de número deveria levar-nos a duvidar desta analogia, para não dizer mais. Pois, se o tempo, tal como o representa a consciência reflexa, é um meio em que os nossos estados de consciência se sucedem distintamente de modo a poder-se contar e se, por outro lado, a nossa conceção do número chega a dispersar no espaço tudo o que se conta diretamente, pode presumir-se que o tempo, entendido no sentido de um meio em que se distingue e onde se conta, é apenas espaço. O que confirmaria, antes de mais, esta opinião é o facto de ao espaço se irem buscar necessariamente as imagens com que descrevemos o sentimento que a consciência reflexa tem do tempo e até da sucessão: portanto, é necessário que a pura duração seja outra coisa. Mas estas questões, que somos levados a pôr pela própria análise da noção de multiplicidade distinta, não poderemos elucidá-las a não ser por um estudo direto das ideias de espaço e de tempo, nas relações que entre si mantêm.

Seria errado atribuir demasiada importância à questão da realidade absoluta do espaço: equivaleria a interrogarmo-nos se o espaço está ou não no espaço. Em suma, os nossos sentidos percecionam as qualidades dos corpos, e o espaço com elas: a grande dificuldade parece ter sido distinguir se a extensão é um aspeto destas qualidades físicas – uma qualidade da qualidade – ou se estas qualidades são inextensas por essência, vindo o espaço a acrescentar-se-lhes, mas bastando-se a si próprio e subsistindo sem elas. Na primeira hipótese, o espaço reduzir-se-ia a uma abstração ou, melhor ainda, a um extrato; exprimiria o que certas sensações, ditas representativas, têm de comum entre si. Na segunda, seria uma realidade tão sólida como estas sensações, ainda que de outra ordem. Deve-se a Kant a fórmula precisa desta última concepção: a teoria que desenvolve na *Estética transcendental* consiste em dotar o espaço com uma existência independente do seu conteúdo, em declarar isolável de direito o que cada um de nós separa de facto e em não ver na extensão uma abstração como as outras. Neste sentido, a conceção kantiana do espaço difere menos do que se imagina da crença popular. Muito longe de abalar a nossa fé na realidade do espaço, Kant determinou-lhe o sentido preciso e trouxe-lhe até a justificação.

Aliás, não parece que a solução trazida por Kant tenha sido seriamente contestada depois deste filósofo; impôs-se até – por vezes, sem saberem – à maior parte dos que novamente abordaram o problema, fossem nativistas ou empiristas. Os psicólogos estão de acordo em atribuir uma origem kantiana à explicação nativista de Jean Muller; mas a hipótese dos sinais locais de Lotze, a teoria de Bain e a explicação mais compreensiva proposta por Wundt parecerão, numa primeira apreciação, completamente independentes da *Estética transcendental*. Os autores destas teorias parecem, com efeito, ter deixado de lado o problema da natureza do espaço para investigar apenas por que processo as nossas sensações aí vêm encontrar-se e justapor-se, por assim dizer, umas às outras; mas, por isso mesmo, consideram as sensações como inextensivas e estabelecem, à maneira de Kant, uma distinção radical entre a matéria da representação e a sua forma. O que sobressai das ideias de Lotze, de Bain e da conciliação que Wundt parece ter tentado é que as sensações pelas quais chegamos a formar a noção de espaço também são inextensas e apenas qualitativas: a extensão resultaria da sua síntese, como a água da combinação de dois gases. As explicações empiristas ou genéticas retomaram, pois, o problema do espaço no ponto preciso onde Kant o tinha deixado: Kant separou o espaço do seu conteúdo, os empiristas investigam como é que este conteúdo, isolado do espaço pelo nosso pensamento, chegaria a ter nele lugar. É verdade que parecem ter depois esquecido a atividade da inteligência, inclinando-se visivelmente para a elaboração da forma extensiva da nossa representação por uma espécie de aliança das sensações entre si: o espaço, sem ser extraído das sensações, resultaria da sua coexistência. Mas como explicar uma semelhante génese sem uma intervenção ativa do espírito? O extensivo difere, por hipótese, do inextensivo; e supondo que a extensão seja apenas uma relação entre termos inexistentes, ainda é necessário que tal relação seja estabelecida por um espírito capaz de associar assim vários termos. Seria inútil alegar o exemplo das combinações químicas, em que o todo parece revestir, por si mesmo, uma forma e qualidades que não pertenceriam a nenhum dos átomos elementares. Esta forma, estas qualidades nascem precisamente em virtude de abrangermos a multiplicidade dos átomos numa perceção única: suprimi o espírito que opera esta síntese e imediatamente reduzireis a nada as qualidades, isto é, o aspeto sob o qual se apresenta à nossa consciência a síntese das partes elementares. Assim, sensações inextensivas permanecerão o que são, sensações inextensivas, se nada lhes acrescentarmos. Para que o espaço nasça da sua coexistência, é necessário um ato do espírito que as abranja a todas simultaneamente e as justaponha; este ato *sui generis* parece-se bastante com o que Kant chamava uma forma *a priori* da sensibilidade.

Se agora procurássemos caracterizar este ato, veríamos que consiste essencialmente na intuição ou, antes, na concepção de um meio vazio homogéneo. Pois não há outra definição possível do espaço: é o que nos permite distinguir entre si várias sensações idênticas e simultâneas; é, pois, um princípio de diferenciação, distinto do da diferenciação qualitativa e, por conseguinte, uma realidade sem qualidade. Dir-se-á, com os adeptos da teoria dos sinais locais, que sensações simultâneas nunca são idênticas e que, devido à diversidade dos elementos orgânicos que eles influenciam, não há dois pontos de uma superfície homogénea que produzam na vista ou no tato a mesma impressão? Concederemos isso sem dificuldade, porque, se esses dois pontos nos afetassem da mesma maneira, não haveria nenhum motivo para colocar um deles à direita em vez de ser à esquerda. Mas precisamente porque interpretamos a seguir esta diferença de qualidade no sentido de uma diferença de situação, é necessário que tenhamos a ideia clara de um meio homogéneo, isto é, de uma simultaneidade de termos que, idênticos em qualidade, se distinguem apesar de tudo uns dos outros. Quanto mais se insistir na diferença das impressões feitas na nossa retina por dois pontos de uma superfície homogénea, mais nos limitaremos à atividade do espírito, que divisa sob a forma de homogeneidade extensa o que se lhe proporcionou como heterogeneidade qualitativa. Aliás, pensamos que, se a representação de um espaço homogéneo se deve a um esforço da inteligência, inversamente tem de haver nas próprias qualidades que diferenciam duas sensações uma razão pela qual ocupam no espaço este ou aquele lugar determinado. Será, pois, necessário distinguir entre a perceção da extensão e a conceção do espaço: sem dúvida, estão implicadas uma na outra, mas, quanto mais se subir na série dos seres inteligentes, tanto mais nitidamente se destacará a ideia independente de um espaço homogéneo. Neste sentido, é duvidoso que o animal percecione o mundo exterior absolutamente como nós e sobretudo represente exatamente como nós a exterioridade. Os naturalistas realçaram como um facto digno de nota a espantosa facilidade com que muitos vertebrados e até alguns insetos chegam a orientar-se no espaço. Vimos animais regressar, quase em linha reta, à sua antiga morada, percorrendo, ao longo de uma distância que pode atingir várias centenas de quilómetros, um caminho que não conheciam ainda. Tentou-se explicar este sentimento da direção mediante a vista ou o olfato, e mais recentemente mediante uma perceção de correntes magnéticas, que permitiria ao animal orientar-se como uma bússola. Isto equivale a dizer que o espaço não é tão homogéneo para o animal como para nós e que as determinações do espaço, ou direções, não revestem para ele uma forma puramente geométrica. Cada uma delas aparecer-lhe-ia com o seu matiz, com a sua qualidade própria. Compreender-se-á a possibilidade de uma perceção deste género, se pensarmos que nós próprios distinguimos a nossa direita da esquerda por um sentimento natural e que estas duas determinações da nossa própria extensão nos apresentam então uma diferença de qualidade; é até por isso que não as conseguimos definir. A bem dizer, as diferenças qualitativas encontram-se por toda a parte na natureza, e não se vê porque é que duas direções concretas não seriam tão marcadas na perceção imediata como duas cores. Mas a conceção de um meio vazio homogéneo é algo completamente extraordinário e parece exigir uma espécie de reação contra a heterogeneidade que constitui o próprio fundo da nossa experiência. Portanto, não basta dizer que certos animais têm um sentido especial da direção, mas ainda e sobretudo que temos a faculdade especial de percepcionar ou de conceber um espaço sem qualidades. Esta faculdade não é a da abstração; ainda que nos demos conta de que a abstração supõe distinções claramente delimitadas e uma espécie de exterioridade dos conceitos ou dos seus símbolos na sua relação recíproca, veremos que a faculdade da abstração implica já a intuição de um meio homogéneo. O que se torna necessário é afirmar que conhecemos duas realidades de ordem diferente, uma heterogénea, a das qualidades sensíveis, e outra homogénea, que é o espaço. Esta última, claramente concebida pela inteligência humana, permite-nos até efetuar distinções nítidas: contar, abstrair e talvez também falar.

Ora, se o espaço se tem de definir como homogéneo, parece que, inversamente, todo o meio homogéneo e indefinido será espaço, porque, uma vez que a homogeneidade consiste aqui na ausência de toda a qualidade, não se vê como duas formas de homogeneidade se distinguiriam uma da outra. Contudo, concorda-se em olhar o tempo como um meio indefinido, diferente do espaço, mas homogéneo como ele: o homogéneo revestiria assim uma dupla forma, conforme fosse preenchido por uma coexistência ou uma sucessão. É verdade que ao fazer-se do tempo um meio homogéneo em que os estados de consciência parecem desenrolar-se, se admite por isso mesmo instantaneamente, o que equivale a dizer que ele se subtrai à duração. Esta simples reflexão deveria prevenir-nos que recaímos inconscientemente no espaço. Por outro lado, concebe-se que as coisas materiais, exteriores umas às outras e exteriores a nós, vão buscar esta dupla característica à homogeneidade de um meio que estabelece intervalos entre elas e lhes fixa os contornos, mas os factos de consciência, ainda que sucessivos, penetram-se, e no mais simples deles pode refletir-se a alma inteira. Seria, portanto, oportuno interrogarmo-nos se o tempo, concebido sob a forma de um meio homogéneo, não seria um conceito bastardo, devido à intrusão da ideia de espaço no domínio da consciência pura. De qualquer maneira, não se podem admitir definitivamente duas formas de homogéneo, tempo e espaço, sem antes investigar se uma delas não seria redutível à outra. Ora, a exterioridade é a característica própria das coisas que ocupam espaço, enquanto os factos de consciência não são essencialmente exteriores uns aos outros, e só se tornam assim por um desenrolar no tempo, considerado como um meio homogéneo. Por conseguinte, se uma das duas pretensas formas do homogéneo, tempo e espaço, deriva da outra, pode afirmar-se *a priori* que a ideia de espaço é o dado fundamental. Mas, iludidos pela simplicidade aparente da ideia de tempo, os filósofos que tentaram uma redução destas duas ideias acreditaram poder construir a representação do espaço com a da duração. Ao mostrarmos o erro desta teoria, faremos ver como o tempo, concebido sob a forma de um meio indefinido e homogéneo, não é senão o fantasma do espaço assediando a consciência reflexa.

A escola inglesa esforça-se, de facto, por reduzir as relações de extensão às relações, mais ou menos complexas, de sucessão na duração. Quando, com os olhos fechados, passamos a mão por uma superfície, a fricção dos nossos dedos nesta superfície e, sobretudo, o jogo variado das nossas articulações trazem-nos uma série de sensações que só se distinguem pelas suas qualidades e apresentam uma certa ordem no tempo. Por outro lado, a experiência adverte-nos que esta série é reversível, que poderíamos, por um esforço de natureza diferente (ou, como diremos mais tarde, *em sentido oposto*), obter de novo, numa ordem inversa, as mesmas sensações; as relações de situação no espaço definir-se-iam então, se assim se pode falar, como relações reversíveis de sucessão na duração. Mas semelhante definição implica um círculo vicioso ou, pelo menos, uma ideia muito superficial da duração. Com efeito, como demonstraremos em detalhe mais à frente, há duas conceções possíveis da duração, uma pura, porque sem qualquer mistura, a outra em que, sub-repticiamente, intervém a ideia de espaço. A duração totalmente pura é a forma que a sucessão dos nossos estados de consciência toma quando o nosso eu se deixa viver, quando não estabelece uma separação entre o estado presente e os anteriores. Não há necessidade, para isso, de se absorver completamente na sensação ou na ideia que passa, porque então, ao invés, deixaria de durar. Também não tem necessidade de esquecer os estados anteriores: basta que, lembrando-se desses estados, não os justaponha ao estado atual como um ponto a outro ponto, mas os organize com ele, como acontece quando nos lembramos das notas de uma melodia, que poderíamos dizer fundidas num todo. Não se poderia dizer que, se as notas se sucedem, apesar de tudo, as percecionamos umas nas outras, e que o seu conjunto é comparável a um ser vivo, cujas partes, se bem que distintas, se penetram exatamente pelo próprio efeito da sua solidariedade? A prova está em que, se quebrarmos o compasso, insistindo mais do que é razoável numa nota da melodia, não será o seu prolongamento exagerado, enquanto prolongamento, que nos advertirá do nosso erro, mas a mudança qualitativa assim fornecida ao conjunto da frase musical. Pode, portanto, conceber-se a sucessão sem a distinção, como uma penetração mútua, uma solidariedade, uma organização íntima de elementos, em que cada um, representativo do todo, dele não se distingue nem isola, a não ser por um pensamento capaz de abstração. Sem dúvida, tal é a representação que da duração faria um ser simultaneamente idêntico e mutável, e que não conteria nenhuma ideia do espaço. Mas, familiarizados com esta última ideia, obcecados até por ela, introduzimo-la sem saber na nossa representação da sucessão pura; justapomos os nossos estados de consciência de maneira a percepcioná-los simultaneamente, não já um no outro, mas um ao lado do outro; em resumo, projetamos o tempo no espaço, exprimimos a duração pela extensão, e a sucessão toma para nós a forma de uma linha contínua ou de uma cadeia cujas partes se tocam sem se penetrar. Notemos que esta última imagem implica a perceção, não já sucessiva, mas simultânea, do *antes* e do *depois* e que aqui haveria contradição em supor uma sucessão que fosse apenas sucessão e que, apesar de tudo, se mantivesse num só e mesmo instante. Ora, quando se fala de uma *ordem* de sucessão na duração e da reversibilidade desta ordem, a sucessão de que se trata será a sucessão pura, tal como a definimos mais acima e sem mistura de extensão, ou a sucessão desdobrando-se em espaço, de tal maneira que dela se consigam abranger simultaneamente vários termos separados e justapostos? A resposta não oferece dúvidas: não se pode estabelecer uma *ordem* entre termos sem antes os distinguirmos; sem compararmos depois os lugares que ocupam, percecionam-se, pois, como múltiplos, simultâneos e distintos; numa palavra, justapõem-se, e, se se estabelece uma ordem no sucessivo, é porque a sucessão se torna simultaneidade e se projeta no espaço. Em síntese, quando a deslocação do meu dedo ao longo de uma superfície ou de uma linha me provoca uma série de sensações de qualidades diversas, acontecerá de duas uma: ou representarei estas sensações apenas na duração, mas elas suceder-se-ão então de tal maneira que não posso, num determinado momento, representar várias delas como simultâneas e, contudo, distintas; ou discernirei uma ordem de sucessão, mas é porque então tenho a faculdade, não apenas de perceber uma sucessão de termos, mas também de os alinhar em conjunto, após os ter distinguido; numa palavra, tenho já a ideia de espaço. A ideia de uma série reversível na duração, ou até simplesmente de uma certa *ordem* de sucessão no tempo, implica, portanto, a representação do espaço, e não pode utilizar-se para o definir.

A fim de dar a esta argumentação uma forma mais rigorosa, imaginemos uma linha reta, indefinida, e nesta linha um ponto material A que se desloca. Se este ponto ganhasse consciência de si próprio, sentir-se-ia mudar, já que se move: aperceber-se-ia de uma sucessão; mas esta sucessão revestiria para ele a forma de uma linha? Sim, claro, com a condição de que se pudesse elevar de alguma maneira acima da linha que percorre e, simultaneamente, aperceber-se de vários pontos justapostos, mas, por isso mesmo, formaria a ideia de espaço, e seria no espaço que veria o desenrolar das mudanças por que passa, e não a pura duração. É este precisamente o erro dos que consideram a pura duração como coisa análoga ao espaço, mas de natureza mais simples. Gostam de justapor os estados psicológicos, formar com eles uma cadeia ou uma linha, e não imaginam sequer fazer intervir nesta operação a ideia de espaço propriamente dita, a ideia de espaço na sua totalidade, porque o espaço é um meio com três dimensões. Quem não vê que, para percecionar uma linha sob a forma de linha, é preciso colocar-se fora dela, cair na conta do vazio que a rodeia e, por consequência, pensar num espaço a três dimensões? Se o nosso ponto consciente A ainda não tem a ideia de espaço – e é precisamente nesta hipótese que nos devemos colocar –, a sucessão dos estados por que passa não pode revestir para ele a forma de uma linha; mas as suas sensações somar-se-ão dinamicamente umas às outras e organizar-se-ão entre si como o fazem as notas sucessivas de uma melodia com que nos deixamos embalar. Em síntese, a pura duração poderia até não ser mais do que uma sucessão de mudanças qualitativas que se fundem, que se penetram, sem contornos precisos, sem qualquer tendência para se exteriorizarem relativamente uns aos outros, sem qualquer parentesco com o número: seria a pura heterogeneidade. Mas, por agora, não insistiremos neste ponto: basta termos demonstrado que, desde o instante em que se atribua a menor heterogeneidade à duração, se introduz sub-repticiamente o espaço.

É verdade que contamos os momentos sucessivos da duração e que, pelas suas relações com o número, o tempo nos surge, em primeiro lugar, como uma grandeza mensurável, completamente análogo ao espaço. Mas impõe-se então uma importante distinção. Digo, por exemplo, que acaba de transcorrer um minuto, e entendo por isto que um pêndulo, ao marcar os segundos, executou sessenta oscilações. Se represento estas sessenta oscilações só de uma vez e com uma só aperceção do espírito, excluo por hipótese a ideia de uma sucessão; penso, não em sessenta toques que se sucedem, mas em sessenta pontos de uma linha fixa, simbolizando cada um, por assim dizer, uma oscilação do pêndulo. – Se, por outro lado, quero representar estas sessenta oscilações sucessivamente, mas sem nada alterar ao seu modo de produção no espaço, deverei pensar em cada oscilação excluindo a lembrança da precedente, porque o espaço não conservou qualquer vestígio, mas, por isso mesmo, condenar-me-ei a ficar continuamente no presente; renunciarei a pensar numa sucessão ou numa duração. Finalmente, se conservar, juntamente com a imagem da oscilação presente, a lembrança da oscilação que a precedia, acontecerá de duas uma: ou justaporei as duas imagens, e recaímos então na primeira hipótese; ou percepcioná-las-ei uma na outra, penetrando-se e organizando-se entre si como notas de uma melodia, de maneira a formar o que chamaremos uma multiplicidade indiferenciada ou qualitativa, sem qualquer semelhança com o número: obterei assim a imagem da duração pura, mas também me terei afastado por completo da ideia de um meio homogéneo ou de uma quantidade mensurável. Interrogando cuidadosamente a consciência, reconhecer-se-á que ela procede assim sempre que se abstém de representar a duração simbolicamente. Quando as oscilações regulares do balancim nos convidam ao sono, será o último som ouvido, o último movimento percecionado, que produz tal efeito? É evidente que não, porque não se compreenderia por que é o que o primeiro não produziu o mesmo efeito. Mas esta lembrança, justapondo-se depois a um som ou um movimento único, permanecerá ineficaz. Logo, é preciso admitir que os sons se compunham entre si e agiam, não pela sua quantidade enquanto quantidade, mas pela qualidade que a sua quantidade apresentava, isto é, pela organização rítmica do seu conjunto. Caso contrário, compreenderíamos o efeito de uma excitação fraca e contínua? Se a sensação permanecesse idêntica a si mesma, permaneceria indefinidamente fraca, indefinidamente suportável. Mas a verdade é que cada acréscimo de excitação se organiza com as excitações precedentes, e que o conjunto produz em nós o efeito de uma frase musical que estaria sempre prestes a acabar e se modificaria continuamente, na sua totalidade, pela adição de alguma nova nota. Se afirmamos que é sempre a mesma sensação, é porque pensamos, não na sensação em si, mas na sua causa objetiva, situada no espaço. Desdobramo-la então no espaço, por seu turno, e em vez de um organismo que se desenvolve, em vez de modificações que se interpenetram, apercebemo-nos de uma só sensação estendendo-se em comprimento, por assim dizer, e justapondo-se indefinidamente a si própria. A verdadeira duração, a que a consciência perceciona, deveria portanto classificar-se entre as grandezas ditas intensivas, no caso de as intensidades se poderem chamar grandezas; a bem dizer, não é uma quantidade, e quando se procura medi-la, substituímo-la inconscientemente pelo espaço.

Mas experimentamos uma incrível dificuldade em representar a duração na sua pureza original; e, sem dúvida, isto deve-se a que não duramos sozinhos: as coisas exteriores, parece, duram como nós, e o tempo, considerado sob este último ponto de vista, tem todo o aspeto de um meio homogéneo. Não só os momentos desta duração parecem exteriores uns aos outros, como o seriam os corpos no espaço, mas o movimento percecionado pelos nossos sentidos é, de certa maneira, a prova palpável de uma duração homogénea e mensurável. Mais ainda, o tempo entra nas fórmulas da mecânica, nos cálculos do astrónomo e até do físico sob a forma de quantidade. Mede-se a velocidade de um movimento, o que implica que também o tempo é uma grandeza. A própria análise que acabámos de tentar exige que se complete, pois, se a duração propriamente dita não se mede, que é que medem então as oscilações do pêndulo? Rigorosamente, admitir-se-á que a duração interna, percecionada pela consciência, se confunde com o encaixar dos factos de consciência uns nos outros, com o enriquecimento gradual do eu; mas o tempo que o astrónomo introduz nas suas fórmulas, o tempo que os nossos relógios dividem em parcelas iguais, este tempo, dir-se-á, é outra coisa; é uma grandeza mensurável e, por consequência, homogénea. – Apesar de tudo, não o é e uma análise atenta dissipará esta última ilusão.

Quando sigo com os olhos, no mostrador de um relógio, o movimento da agulha que corresponde às oscilações do pêndulo, não meço a duração, como parece acreditar-se; limito-me a contar simultaneidades, o que é muito diferente. Fora de mim, no espaço, existe somente uma posição única da agulha e do pêndulo, porque das posições passadas nada fica. Dentro de mim, prossegue um processo de organização ou de penetração mútua dos factos de consciência, que constitui a verdadeira duração. É porque duro desta maneira que represento o que chamo as oscilações passadas do pêndulo, ao mesmo tempo que perceciono a oscilação atual. Ora, suprimamos por um instante o eu que pensa as oscilações do pêndulo, até uma só posição do pêndulo, e não há consequentemente duração. Suprimamos, por outro lado, o pêndulo e as suas oscilações; ficará apenas a duração heterogénea do eu, sem momentos exteriores uns aos outros, sem relação com o número. Assim, no nosso eu, há sucessão sem exterioridade recíproca; fora do eu, exterioridade recíproca sem sucessão: exterioridade recíproca, pois a oscilação presente é radicalmente distinta da oscilação anterior, que já não existe; mas ausência de sucessão, já que a sucessão só existe para um espectador consciente que se lembra do passado e justapõe as duas oscilações ou os seus símbolos num espaço auxiliar. – Ora, entre esta sucessão sem exterioridade e a exterioridade sem sucessão produz-se uma espécie de troca, bastante parecida com o que os físicos chamam um fenómeno de endosmose. Visto que as fases sucessivas da nossa vida consciente, que no entanto se interpenetram, correspondem cada uma a uma oscilação do pêndulo que lhe é simultânea, como, por outro lado, estas oscilações são nitidamente distintas, porque uma já não existe quando a outra se produz, adquirimos o hábito de estabelecer a mesma distinção entre os momentos sucessivos da nossa vida consciente: as oscilações do balancim decompõem-na, por assim dizer, em partes exteriores umas às outras. Daí a ideia errada de uma duração interna homogénea, análoga ao espaço, cujos momentos idênticos se seguiriam sem se interpenetrarem. Mas, por outro lado, as oscilações pendulares, que só se distinguem porque uma desapareceu quando a outra surge, beneficiam de alguma maneira da influência que assim exerceram na nossa vida consciente. Graças à lembrança que a nossa consciência organizou do seu conjunto, conservam-se e, depois, alinham-se. Em síntese, criamos para elas uma quarta dimensão do espaço, que chamamos o tempo homogéneo, e que permite ao movimento pendular, se bem que nele produzido, justapor-se indefinidamente a si mesmo. – Se agora tentarmos, neste processo tão complexo, distinguir com exatidão o real e o imaginário, eis o que encontramos. Há um espaço real sem duração, mas onde fenómenos aparecem e desaparecem simultaneamente com os nossos estados de consciência. Há uma duração real, cujos momentos heterogéneos se interpenetram, podendo cada momento aproximar-se de um estado do mundo exterior que é dele contemporâneo e separar-se doutros momentos por efeito dessa aproximação. Da comparação destas duas realidades nasce uma representação simbólica da duração, tirada do espaço. A duração toma assim a forma ilusória de um meio homogéneo, e o traço de união entre os dois termos, espaço e duração, é a simultaneidade, que se poderia definir como a interseção do tempo com o espaço.

Ao submeter a idêntica análise o conceito de movimento, símbolo vivo de uma duração aparentemente homogénea, seremos levados a operar uma dissociação do mesmo género. Quase sempre se diz que um movimento acontece *no* espaço, e quando o classificamos como movimento homogéneo e divisível é no espaço percorrido que se pensa, como se se pudesse confundir com o próprio movimento. Ora, refletindo melhor, ver-se-á que as posições sucessivas do móvel ocupam perfeitamente o espaço, mas que a operação pela qual passa de uma posição a outra, operação que ocupa a duração e só tem realidade para um espectador consciente, escapa ao espaço. Não lidamos aqui com uma *coisa*, mas com um *progresso*: o movimento, enquanto passagem de um ponto a outro, é uma síntese mental, um processo psíquico e, por conseguinte, inextenso. No espaço, só há partes do espaço, e em qualquer ponto do espaço em que se considere o móvel, obter-se-á somente uma posição. Se a consciência perceciona outra coisa além de posições é porque se lembra das posições sucessivas e as sintetiza. Mas como efetua ela uma síntese deste género? Não pode ser por um novo desdobramento destas mesmas posições num meio homogéneo, porque uma nova síntese se tornaria necessária para unir as posições entre si, e assim indefinidamente. Não há outro remédio senão admitir que se dá aqui uma síntese, por assim dizer qualitativa, uma organização gradual das nossas sensações sucessivas umas com as outras, uma unidade análoga à de uma frase melódica. Tal é precisamente a ideia que fazemos do movimento quando pensamos exclusivamente nele, quando de alguma maneira extraímos desse movimento a mobilidade. Para nos convencermos, bastará pensar no que se experimenta ao percecionarmos de súbito uma estrela cadente; neste movimento de extrema rapidez, a dissociação opera-se por si própria ente o espaço percorrido, que nos surge em forma de linha de fogo, e a sensação absolutamente indivisível do movimento ou da mobilidade. Um gesto rápido efetuado com os olhos fechados apresentar-se-á à nossa consciência sob a forma de sensação puramente qualitativa, enquanto não se tiver pensado no espaço percorrido. Em síntese, há que distinguir dois elementos no movimento, o espaço percorrido e o ato pelo qual o percorremos, as posições sucessivas e a síntese destas posições. O primeiro destes elementos é uma quantidade homogénea; o segundo só tem realidade na nossa consciência; é, como se quiser, uma qualidade ou uma intensidade. Mas também aqui se produz um fenómeno de endosmose, uma mistura entre a sensação puramente intensiva da mobilidade e a representação extensiva do espaço percorrido. Por um lado, atribuímos ao movimento a própria divisibilidade do espaço que percorre, esquecendo que se pode perfeitamente dividir uma coisa, mas não um ato, e por outro, habituamo-nos a projetar este mesmo ato no espaço, a aplicá-lo ao longo da linha que o móvel percorre, numa palavra, a solidificá-lo, como se esta localização de um *progresso* no espaço não equivalesse a afirmar que, mesmo fora da consciência, o passado coexiste com o presente! – Desta confusão entre o movimento e o espaço percorrido pelo móvel derivaram, na nossa opinião, os sofismas da escola de Eleia, porque o intervalo que separa dois pontos é divisível indefinidamente, e se o movimento fosse composto de partes como as do próprio intervalo, nunca o intervalo poderia ser ultrapassado. Mas a verdade é que cada um dos passos de Aquiles é um ato simples, indivisível e, depois de um determinado número destes atos, Aquiles terá ultrapassado a tartaruga. A ilusão dos Eleatas está em identificar esta série de atos indivisíveis e *sui generis* com o espaço homogéneo que lhes está na base. Como este espaço se pode dividir e recompor segundo uma qualquer lei, julgam-se autorizados a reconstituir o movimento total de Aquiles, não com os passos de Aquiles, mas com os da tartaruga: na verdade, substituem Aquiles perseguindo a tartaruga por duas tartarugas reguladas uma pela outra, duas tartarugas condenadas a fazer o mesmo género de passos ou de atos simultâneos, de modo a nunca se apanharem. Porque é que Aquiles ultrapassa a tartaruga? Porque cada um dos passos de Aquiles e cada um dos passos da tartaruga são indivisíveis enquanto movimentos e grandezas diferentes enquanto espaço, de maneira que a adição não demorará a dar, para o espaço percorrido por Aquiles, um comprimento superior à soma do espaço percorrido pela tartaruga e do avanço que sobre ele tinha. É isto que Zenão não tem em conta quando recompõe o movimento de Aquiles segundo a mesma lei do movimento da tartaruga, esquecendo que o espaço apenas se presta a um modo de decomposição e de recomposição arbitrária, e confundindo assim espaço e movimento. Não julgamos, pois, necessário admitir, mesmo depois da subtil e profunda análise de um pensador do nosso tempo ([2]), que o encontro entre os dois móveis implica um desvio entre o movimento real e o movimento imaginado, entre o espaço em si e o espaço indefinidamente divisível, entre o tempo concreto e o tempo abstrato. Porque recorrer a uma hipótese metafísica, por engenhosa que seja, sobre a natureza do espaço, do tempo e do movimento, quando a intuição imediata nos mostra o movimento na duração, e a duração fora do espaço? Não há necessidade de supor um limite para a divisibilidade do espaço concreto; pode deixar-se infinitamente divisível, contanto que se estabeleça uma distinção entre as posições simultâneas dos dois móveis, que de facto estão no espaço, e os seus movimentos, que não podem ocupar espaço, sendo mais duração do que extensão, qualidade e não quantidade. Medir a velocidade de um movimento, como vamos ver, é apenas constatar uma simultaneidade; introduzir esta velocidade nos cálculos é usar um meio cómodo para prever uma simultaneidade. Por isso, a matemática persiste no seu papel enquanto se ocupa em determinar as posições simultâneas de Aquiles e da tartaruga num dado momento, ou quando admite *a priori* o encontro dos dois móveis num ponto X, encontro que é também uma simultaneidade. Mas ultrapassa esta função ao pretender reconstituir

([2]) Évelin, *Infini et quantité*, Paris, 1881.

o que ocorreu no intervalo das duas simultaneidades; ou, pelo menos, é fatalmente levada, mesmo então, a considerar ainda simultaneidades, simultaneidades novas, cujo número indefinidamente crescente a deveria advertir de que não se dá qualquer movimento com imobilidades, nem tempo com espaço. Em resumo, assim como na duração só é homogéneo o que não dura, isto é, o espaço, em que se alinham as simultaneidades, assim também o elemento homogéneo do movimento é o que menos lhe pertence, o espaço percorrido, isto é, a imobilidade.

Ora, precisamente por esta razão, a ciência só incide no tempo e no movimento na condição de eliminar, antes de mais, o elemento essencial e qualitativo: do tempo a duração, e do movimento a mobilidade. Disto nos convenceríamos facilmente ao examinar o papel das considerações de tempo, de movimento e de velocidade na astronomia e na mecânica.

Os tratados de mecânica têm o cuidado de anunciar que não definirão a duração, mas a igualdade de duas durações: «Dois intervalos de tempo são iguais», dizem eles, «quando dois corpos idênticos, colocados em idênticas circunstâncias no começo de cada um destes intervalos, e submetidos às mesmas ações e influências de todo o género, tiverem percorrido o mesmo espaço no fim destes intervalos.» Por outras palavras, dar-nos-emos conta do preciso instante em que o movimento começa, isto é, a simultaneidade de uma mudança exterior com um dos nossos estados psíquicos; aperceber-nos-emos do momento em que o movimento acaba, isto é, ainda uma simultaneidade; finalmente, mediremos o espaço percorrido, a única coisa que, de facto, é mensurável. Portanto, não se trata aqui de duração, mas apenas do espaço e de simultaneidades. Anunciar que um fenómeno se produzirá no fim de um tempo t é afirmar que a consciência dar-se-á conta, de aqui até lá, de um número t de simultaneidades de determinado género. E não convém que os termos «de aqui até lá» nos criem ilusões, porque o intervalo da duração só existe para nós, e por causa da mútua penetração dos nossos estados de consciência. Fora de nós, encontrar-se-ia apenas espaço e, por conseguinte, simultaneidades, da quais nem sequer se pode dizer que são objetivamente sucessivas, já que toda a sucessão se pensa pela comparação do presente com o passado. – O que demonstra bem que o intervalo da própria duração não conta nada, sob o ponto de vista da ciência, é que, se todos os movimentos do universo se produzissem duas ou três vezes mais depressa, não haveria nada a modificar nem nas suas fórmulas, nem nos números nelas introduzidos. A consciência teria uma impressão indefinível e de algum modo qualitativa da mudança, mas não apareceria fora dela, porque também se produziria ainda o mesmo número de simultaneidades no espaço. Veremos mais adiante que quando o astrónomo prediz um eclipse, por exemplo, se entrega precisamente a uma operação como esta: reduz infinitamente os intervalos da duração, que não contam para a ciência, e perceciona assim num tempo muito curto – alguns segundos, no máximo – uma sucessão de simultaneidades que ocupará vários séculos para a consciência concreta, obrigada a viver os seus intervalos.

Chegar-se-á à mesma conclusão se analisarmos diretamente a noção de velocidade. A mecânica obtém esta noção mediante uma série de ideias cuja filiação se encontrará sem dificuldade. Primeiro, constrói a ideia de movimento uniforme, representando, por um lado, a trajetória AB de um determinado móvel e, por outro, um fenómeno físico que se repete indefinidamente em idênticas condições, por exemplo, a queda de uma pedra caindo sempre da mesma altura no mesmo sítio. Se observarmos na trajetória AB os pontos M, N, P, ..., atingidos pelo móvel em cada um dos momentos em que a pedra toca o solo, e que os intervalos AM, MN, NP, ..., se considerem iguais entre si, dir-se-á que o movimento é uniforme e chamar-se-á velocidade do móvel qualquer um destes intervalos, desde que se admita adotar como unidade de duração o fenómeno físico que se escolheu como termo de comparação. Define-se, pois, a velocidade de um movimento uniforme sem referir outras noções além das de espaço e simultaneidade. – Falta o movimento variado, aquele cujos elementos AM, MN, NP, ..., se reconheceram como desiguais entre si. Para definir a velocidade do móvel A no ponto M, bastará imaginar um número indefinido de móveis $A_1$, $A_2$, $A_3$, ..., todos eles animados de movimentos uniformes, e cujas velocidades $v_1$, $v_2$, $v_3$, ..., dispostas por ordem crescente, por exemplo, correspondam a todas as grandezas possíveis. Consideremos então, na trajetória do móvel A, dois pontos M' e M" situados um antes e o outro depois do ponto M, mas muito próximos dele. Ao mesmo tempo que este móvel atinge os pontos M', M, M", os outros móveis chegam, nas suas trajectórias respetivas, aos pontos $M'_1$, $M_1$, $M''_1$, $M'_2$, $M_2$, $M''_2$, ..., etc.; e existem necessariamente dois móveis $A_h$ e $A_p$ tais que temos, por um lado, $M'M = M'_h M_h$ e, por outro, $MM'' = M_p M''_p$. Convirá então dizer que a velocidade do móvel A no ponto M está compreendida entre $v_h$ e $v_p$. Mas nada impede supor os pontos M' e M" mais próximos ainda do ponto M, e concebe-se que é necesário então substituir $v_h$ e $v_p$ por duas novas velocidades $v_j$ e $v_n$, uma superior a $v_h$ e a outra inferior à $v_p$. E à medida que se fizer decrescer os dois intervalos M'M e MM", também diminuirá a diferença entre as duas velocidades dos movimentos uniformes correspondentes. Ora, podendo os dois intervalos decrescer até zero, existe evidentemente entre $v_j$ e $v_n$ uma certa velocidade $v_m$ tal que a diferença entre esta velocidade e $v_h$, $v_j$, ..., por um lado, e $v_p$, $v_n$, ..., por outro, se pode tornar mais pequena que qualquer quantidade dada. É a este limite comum $v_m$ que se chamará velocidade do móvel A no ponto M. – Ora, nesta análise do movimento variado, como na do movimento uniforme, trata-se apenas de espaços uma vez percorridos e de posições simultâneas uma vez atingidas. Tínhamos então bases para afirmar que, se a mecânica conserva do tempo apenas a simultaneidade, do próprio movimento retém somente a imobilidade.

Este resultado ter-se-ia previsto ao observarmos que a mecânica trabalha necessariamente com equações e que uma equação algébrica exprime sempre um facto cumprido. Ora, é da própria essência da duração e do movimento, tais como surgem à nossa consciência, estarem incessantemente em vias de formação; por isso, a álgebra poderá traduzir os resultados adquiridos em determinado momento da duração e as posições ocupadas por um certo móvel no espaço, mas não a duração e o movimento em si mesmos. Será inútil aumentar o número das simultaneidades e das posições consideradas com a hipótese dos intervalos muito pequenos; para sublinhar a possibilidade de acrescentar indefinidamente o número destes intervalos da duração, será também inútil substituir a noção de diferença pela de diferencial: é sempre numa extremidade do intervalo que a matemática se coloca, por mais pequeno que ela o conceba. Quanto ao próprio intervalo, numa palavra, quanto à duração e movimento, ficam necessariamente fora da equação. É que a duração e o movimento são sínteses mentais, e não coisas; é que, se o móvel ocupa sucessivamente os pontos de uma linha, o movimento não tem nada em comum com esta linha; é que, finalmente, se as posições ocupadas pelo móvel variam com os diferentes momentos da duração, se ele até cria momentos distintos só pelo facto de ocupar posições diferentes, a duração propriamente dita não tem momentos idênticos nem exteriores uns aos outros, sendo essencialmente heterogénea, indistinta e sem analogia com o número.

Conclui-se desta análise que só o espaço é homogéneo, que as coisas situadas no espaço constituem uma multiplicidade distinta e que toda a multiplicidade distinta se obtém por um desdobramento no espaço. Também se conclui que no espaço não existe nem duração, nem mesmo sucessão, no sentido em que a consciência toma estas palavras: cada um dos estados ditos sucessivos do mundo exterior existe isoladamente e a sua multiplicidade só tem realidade para uma consciência que é capaz, primeiramente, de os conservar, e, a seguir, de os justapor, exteriorizando-os relativamente uns aos outros. Se os conserva, é porque estes diversos estados do mundo exterior dão origem a factos de consciência que se penetram, se organizam insensivelmente em conjunto e ligam o passado ao presente devido a esta solidariedade. Se ela os exterioriza uns relativamente aos outros é porque, pensando a seguir na sua distinção radical (deixando cada um de existir quando aparece o outro), os perceciona sob a forma de multiplicidade distinta, o que equivale a alinhá-los conjuntamente no espaço em que cada um deles existia separado. O tempo empregue neste processo é precisamente o que se chama tempo homogéneo.

Mas há outra conclusão que se depreende desta análise: é que a multiplicidade dos estados de consciência, considerada na sua pureza original, não apresenta qualquer semelhança com a multiplicidade distinta de que um número é formado. Haveria aí, dizíamos nós, uma multiplicidade qualitativa. Em síntese, seria preciso admitir duas espécies de multiplicidade, dois sentidos possíveis da palavra distinguir, duas conceções, uma qualitativa e outra quantitativa, da diferença ente o *mesmo* e o *outro.* Ora esta multiplicidade, esta distinção, esta heterogeneidade não contêm o número senão em potência, como diria Aristóteles; é que a consciência opera uma discriminação qualitativa sem qualquer preocupação em contar as qualidades ou até de produzir *várias*; existe então multiplicidade sem quantidade. Ora, pelo contrário, trata-se de uma multiplicidade de termos que se contam ou se concebem como podendo contar-se; mas então pensa-se na possibilidade de os exteriorizar uns em relação aos outros; desenvolvemo-los no espaço. Infelizmente, estamos tão habituados a esclarecer estes dois sentidos da mesma palavra um mediante o outro, a perceber até um no outro, que temos uma incrível dificuldade em os distinguir, ou, pelo menos, em expressar esta distinção pela linguagem. Assim, dizíamos que vários estados de consciência se organizam entre si, se penetram, se enriquecem cada vez mais, podendo deste modo dar a um eu ignorante do espaço o sentimento da duração pura; mas, para empregar a palavra «vários», já tínhamos isolado estes estados uns dos outros, tínhamo-los exteriorizado uns relativamente aos outros, numa palavra, tínhamo-los justaposto; e denunciávamos assim, pela própria expressão a que nos obrigámos a recorrer, o hábito profundamente enraizado de desenvolver o tempo no espaço. É à imagem deste desenvolvimento, uma vez efetuado, que retiramos necessariamente os termos destinados a expressar o estado de uma alma que ainda o não tivesse efetuado: estes termos estão, pois, manchados por um vício original, e a representação de uma multiplicidade sem relação com o número ou o espaço, ainda que clara para um pensamento que se volta para si mesmo e se abstrai, não pode traduzir-se para a língua do senso comum. E, contudo, não podemos formar a ideia de multiplicidade distinta sem considerar paralelamente o que designámos como uma multiplicidade qualitativa. Quando contamos explicitamente unidades alinhando-as no espaço, não é verdade que ao lado de tal adição, cujos termos idênticos se desenham num fundo homogéneo, se dá continuidade, nas profundezas da alma, a uma organização destas unidades umas com as outras, processo completamente dinâmico, bastante análogo à representação puramente qualitativa que uma bigorna sensível teria do número crescente das pancadas do martelo? Neste sentido, quase se podia dizer que os números diariamente usados tem cada um o seu equivalente emocional. Os comerciantes sabem-no perfeitamente, e em vez de indicarem o preço de um objecto por um número arredondado de euros, porão o algarismo imediatamente inferior, ficando livres para intercalar depois um número suficiente de cêntimos. Em síntese, o processo pelo qual contamos as unidades e com elas formamos uma multiplicidade distinta apresenta um duplo aspeto: por um lado, supomo-las idênticas, o que não se pode conceber a não ser na condição de estas unidades se alinharem num meio homogéneo; mas, por outro lado, a terceira unidade, por exemplo, ao acrescentar-se às outras duas, modifica a natureza, o aspeto e como que o ritmo do conjunto; sem esta mútua penetração e este processo de certo modo qualitativo, não haveria adição possível. – É, pois, graças à qualidade da quantidade que formamos a ideia de uma quantidade sem qualidade.

Torna-se, portanto, evidente que, fora de toda a representação simbólica, o tempo nunca adquirirá para a nossa consciência o aspeto de um meio homogéneo, onde os termos de uma sucessão se exteriorizam uns relativamente aos outros. Mas chegamos naturalmente a esta representação simbólica apenas pelo facto de, numa série de termos idênticos, cada qual adquirir, para a nossa consciência, um duplo aspeto: um sempre idêntico a si próprio, porque pensamos na identidade do objeto exterior, o outro específico, porque a adição deste termo dá origem a uma nova organização do conjunto. Daí a possibilidade de desdobrar no espaço, sob a forma de multiplicidade numérica, o que chamámos uma multiplicidade qualitativa, e de considerar uma como o equivalente da outra. Ora, em nenhuma circunstância este duplo processo se verifica tão facilmente como na perceção do fenómeno exterior, não conhecível em si, que para nós toma a forma do movimento. Aqui temos perfeitamente uma série de termos idênticos entre si, já que se trata sempre do mesmo móvel; mas, por outro lado, a síntese efetuada pela nossa consciência entre a posição atual e o que a nossa memória designa como posições anteriores faz que estas imagens se penetrem, se completem e se prolonguem de alguma maneira umas às outras. Logo, é sobretudo por intermédio do movimento que a duração adquire a forma de um meio homogéneo e o tempo se projeta no espaço. Mas, na ausência de movimento, qualquer repetição de um fenómeno exterior bem determinado teria sugerido à consciência o mesmo modo de representação. Assim, quando ouvimos uma série de pancadas de martelo, os sons formam uma melodia indivisível enquanto sensações puras e dão ainda origem ao que chamámos um progresso dinâmico; mas, sabendo que é a mesma causa objetiva que age, decompomos este progresso em fases que consideramos então como idênticas; e desta multiplicidade de termos idênticos, que não se podem conceber senão pelo desdobramento no espaço, chegamos ainda necessariamente à ideia de um tempo homogéneo, imagem simbólica da duração real. Numa palavra, o nosso eu toca no mundo exterior pela superfície; as nossas sensações sucessivas, embora apoiando-se umas nas outras, conservam algo da exterioridade recíproca que caracteriza objetivamente as suas causas; e é por isso que a nossa vida psicológica superficial se desenrola num meio homogéneo sem que este modo de representação nos exija um grande esforço. Mas o caráter simbólico desta representação torna-se cada vez mais impressionante à medida que penetramos mais nas profundezas da consciência: o eu interior, o que sente e se apaixona, o que delibera e se decide, é uma força cujos estados e modificações se penetram intimamente e sofrem uma alteração profunda quando os separamos uns dos outros para os desenrolar no espaço. Mas como este eu mais profundo não faz senão uma única e mesma pessoa com o eu superficial, parecem necessariamente durar da mesma maneira. E como a representação constante de um fenómeno objectivo idêntico que se repete divide a nossa vida psíquica superficial em parte exteriores umas das outras, os momentos assim determinados originam, por sua vez, distintos segmentos no progresso dinâmico e indiviso dos nossos estados de consciência mais pessoais. Assim se repercute, assim se propaga até às profundidades da consciência a exterioridade recíproca que a sua justaposição no espaço homogéneo assegura aos objetos materiais: pouco a pouco, as nossas sensações desprendem-se umas das outras como as causas externas que lhes dão origem, e os sentimentos ou as ideias como as sensações de que eles são contemporâneos. – O que demonstra perfeitamente que a nossa conceção ordinária da duração se deve a uma invasão gradual do espaço no domínio da consciência pura é que, para retirar ao eu a faculdade de percepcionar um tempo homogéneo, basta destacar dele a camada mais superficial de factos psíquicos que utiliza como reguladores. O sonho coloca-nos precisamente nestas condições, porque o sono, ao afrouxar o jogo das funções orgânicas, modifica sobretudo a superfície de comunicação entre o eu e as coisas exteriores. Não medimos já, pois, a duração, mas sentimo-la; de quantidade retorna ao estado de qualidade; a apreciação matemática do tempo decorrido já não se verifica, mas é substituída por um instinto confuso, capaz, como todos os instintos, de cometer erros grosseiros e de, por vezes, proceder também com extrema segurança. Mesmo no estado de vigília, a experiência diária deverá ensinar-nos a distinguir entre a duração-qualidade, a que a nossa consciência atinge imediatamente, a que o animal perceciona provavelmente, e o tempo, por assim dizer, materializado, o tempo tornado quantidade por um desenvolvimento no espaço. No momento em que escrevo estas linhas, o relógio ao lado bate as horas, mas o meu ouvido distraído só se apercebe depois de algumas terem soado; portanto, não as contei. E, no entanto, basta-me um esforço de atenção retrospetiva para somar as quatro batidas já produzidas e acrescentá-las às que ouço. Se, entrando em mim, me interrogo mais cuidadosamente sobre o que acaba de acontecer, caio na conta de que os quatro primeiros sons impressionaram o meu ouvido e até emocionaram a minha consciência, mas que as sensações produzidas por cada um deles, em vez de se justaporem, se fundiram umas com as outras de maneira a dotar o conjunto de um aspecto próprio, de maneira a fazer dele uma espécie de frase musical. Para avaliar retrospectivamente o número das pancadas emitidas, tento reconstituir esta frase pelo pensamento; a minha imaginação captou uma pancada, depois duas, depois três, e enquanto não chegou ao número quatro exato, a sensibilidade, consultada, respondeu que o efeito total diferia qualitativamente. Portanto, tinha constatado, à sua maneira, a sucessão das quatro pancadas, mas de uma maneira diferente da de uma adição, e sem fazer intervir a imagem de uma justaposição de termos distintos. Em síntese, o número das pancadas emitidas foi percecionado como qualidade, e não como quantidade; a duração apresenta-se assim à consciência imediata, e conserva esta forma enquanto não dá lugar a uma representação simbólica, extraída da extensão. – Distingamos, pois, para concluir, duas formas da multiplicidade, duas apreciações muito diferentes da duração, dois aspetos da vida consciente. Sob a duração homogénea, símbolo extensivo da duração verdadeira, uma psicologia atenta separa uma duração cujos momentos heterogéneos se penetram; sob a multiplicidade numérica dos estados conscientes, uma multiplicidade qualitativa; sob o eu de estados bem definidos, um eu em que sucessão implica fusão e organização. Mas quase sempre nos contentamos com o primeiro, isto é, com a sombra do eu projetada no espaço homogéneo. A consciência, atormentada por um desejo insaciável de distinguir, substitui a realidade pelo símbolo, ou não perceciona a realidade senão através do símbolo. Como o eu assim refratado, e por isso mesmo subdividido, se presta infinitamente melhor às exigências da vida social em geral e da linguagem em particular, ela prefere-o, e perde pouco a pouco de vista o eu fundamental.

Para reencontrar este eu fundamental, tal como uma consciência inalterada o percecionaria, torna-se necessário um vigoroso esforço de análise, pelo qual se isolarão os factos psicológicos internos e vivos da imagem em primeiro lugar refratada e depois solidificada no espaço homogéneo. Por outras palavras, as nossas perceções, sensações, emoções e ideias apresentam-se sob um duplo aspeto: um nítido, preciso, mas impessoal; o outro confuso, infinitamente móvel e inexprimível, porque a linguagem não o pode captar sem lhe fixar a mobilidade, nem o adaptar à sua forma banal sem o fazer cair no domínio comum. Se chegamos a distinguir duas formas da multiplicidade, duas formas da duração, é evidente que cada um dos factos de consciência, tomados à parte, terá de revestir um aspeto diferente segundo se considera no seio de uma multiplicidade distinta ou de uma multiplicidade confusa, no tempo-qualidade em que se produz ou no tempo-quantidade onde se projeta.

Quando, por exemplo, dou um passeio pela primeira vez numa cidade onde residirei, as coisas que me rodeiam produzem simultaneamente em mim uma impressão que está destinada a durar e uma impressão que se modificará incessantemente. Todos os dias perceciono as mesmas casas, e como sei que são os mesmos objetos, designo-os constantemente com o mesmo nome e imagino também que me surgem sempre da mesma maneira. Contudo, se prestar atenção, ao fim de bastante tempo, à impressão que experimentei durante os primeiros anos, espanto-me com a mudança singular que nela se verificou. Parece que estes objetos, continuamente por mim percecionados e aperfeiçoando-se incessantemente no meu espírito, acabam por retirar algo à minha existência consciente; tal como eu, também eles viveram e como eu envelheceram. Não se trata de uma pura ilusão; porque se a impressão de hoje fosse absolutamente idêntica à de ontem, que diferença haveria entre percecionar e reconhecer, entre apreender e recordar? Contudo, esta diferença escapa à atenção da maioria; só nos aperceberemos com a condição de estarmos prevenidos e de então nos interrogarmos escrupulosamente a nós mesmos. A razão está em que a nossa vida exterior e, por assim dizer, social tem para nós mais importância prática do que a nossa existência interior e individual. Tendemos instintivamente a solidificar as nossas impressões, para as exprimir mediante a linguagem. Daqui confundirmos o próprio sentimento, que está em perpétua mudança, com o seu objeto exterior permanente e, sobretudo, com a palavra que exprime este objeto. Assim como a duração fugaz do nosso eu se fixa pela sua projeção no espaço homogéneo, também as nossas impressões, em mudança contínua, enrolando-se em torno do objeto exterior que é a sua causa, adotam os seus contornos precisos e a imobilidade.

As nossas sensações simples, consideradas no seu estado natural, ofereceriam menos consistência ainda. Este sabor, aquele perfume, agradaram-me quando criança, e hoje repugnam-me. Contudo dou ainda o mesmo nome à sensação experimentada e falo como se o perfume e o sabor fossem idênticos, e só os meus gostos tivessem mudado. Portanto, ainda cristalizo essa sensação, e quando a sua mobilidade adquire uma tal evidência que me é impossível não a reconhecer, retiro esta mobilidade para lhe dar um nome à parte e cristalizá-la, por sua vez, sob a forma de *gosto*. Mas, na realidade, não há nem sensações idênticas, nem gostos múltiplos: é que sensações e gostos surgem-me como *coisas* a partir do momento em que os isolo e nomeio, e na alma humana há somente *progressos*. O que se deve dizer é que toda a sensação se modifica ao repetir-se e que, se não me parece mudar de um dia para o outro, é porque dela me apercebo agora através do objeto que lhe serve de causa, através da palavra que a traduz. Esta influência da linguagem sobre a sensação é mais profunda do que normalmente se pode pensar. Não só a linguagem nos leva a acreditar na invariabilidade das nossas sensações, mas induzir-nos-á em erro, por vezes, quanto ao caráter da sensação experimentada. Assim, quando como uma iguaria rara, o seu nome, enriquecido com a aprovação que se lhe dá, interpõe-se entre a minha sensação e a minha consciência; poderei acreditar que o sabor me agrada, quando um simples esforço de atenção me provaria o contrário. Em síntese, a palavra com contornos bem definidos, a palavra em bruto, que armazena o que há de estável, de comum e, por conseguinte, de impessoal nas impressões da humanidade, esmaga ou, pelo menos, encobre as impressões delicadas e fugitivas da nossa consciência individual. Para lutar com armas iguais, estas deveriam exprimir-se por palavras precisas; mas as palavras, logo que formadas, voltar-se-iam contra a sensação que lhes deu origem e, inventadas para testemunhar que a sensação é instável, acabariam por lhes impor a sua própria estabilidade.

Em nenhum lado é tão flagrante este esmagamento da consciência como nos fenómenos de sentimento. Um amor violento, uma melancolia profunda invadem a nossa alma: são infindos elementos diversos que se fundam, se penetram, sem contornos precisos, sem a menor tendência a exteriorizarem-se uns relativamente aos outros; a sua originalidade tem este preço. Já se deformam quando distinguimos na sua massa confusa uma multiplicidade numérica: que acontecerá quando os manifestarmos, isolados uns dos outros, no meio homogéneo que se chamará agora, como se quiser, tempo ou espaço? Ainda há pouco cada um deles ia buscar uma indefinível coloração ao meio onde se encontrava: ei-lo descolorido e pronto a receber um nome. O próprio sentimento é um ser que vive, se desenvolve e, consequentemente, muda sem cessar; caso contrário, não se compreenderia como nos levou pouco a pouco a uma resolução: a nossa resolução seria imediatamente tomada. Mas vive porque a duração em que se desenvolve é uma duração cujos momentos se penetram: ao separarmos estes momentos uns dos outros, ao desenrolarmos o tempo no espaço, fizemos perder a este sentimento a sua animação e cor. Eis-nos, pois, perante a sombra de nós mesmos: julgamos ter analisado o nosso sentimento, mas, na verdade, substituímo-lo por uma justaposição de estados inertes, traduzíveis por palavras, e que constituem cada um o elemento comum, consequentemente, o resíduo impessoal, das impressões experimentadas num determinado caso pela sociedade inteira. É por isso que raciocinamos sobre estes estados e lhes aplicamos a nossa lógica simples: tendo-os elevado a géneros só porque os isolámos uns dos outros, preparámo-los para servirem numa futura dedução. Se agora algum romancista audacioso, rasgando o véu habilmente tecido do nosso eu convencional, nos mostrar sob esta lógica aparente uma absurdidade fundamental, sob esta justaposição de estados simples uma penetração infinita de mil impressões diversas que já deixaram de o ser na altura em que os nomeámos, louvamo-lo por nos conhecer melhor do que nós próprios. Contudo, as coisas não se passam assim, e precisamente porque desenrola o nosso sentimento num tempo homogéneo e exprime os seus elementos com palavras, só nos proporciona, por seu turno, uma sombra: apenas dispôs esta sombra de modo a fazer-nos suspeitar da natureza extraordinária e ilógica do objeto que a projeta; convidou-nos a refletir pondo na expressão exterior algo desta contradição, desta penetração mútua, que constitui a própria essência dos elementos expressos. Encorajados por ele, afastámos por momentos o véu que interpúnhamos entre a nossa consciência e nós mesmos. Pôs-nos na presença de nós próprios.

Experimentaríamos uma surpresa do mesmo género se, quebrando os quadros da linguagem, nos esforçássemos por captar de tal modo as nossas próprias ideias em estado natural que a nossa consciência, liberta da obsessão do espaço, as captaria. Esta dissociação dos elementos constitutivos da ideia, que vem a dar na abstração, é demasiado cómoda para dela nos apaixonarmos na vida normal e até na discussão filosófica. Mas, quando imaginamos que os elementos dissociados são precisamente os que entravam na contextura da ideia concreta, quando, ao substituirmos a penetração dos termos reais pela justaposição dos seus símbolos, pretendemos reconstituir a duração com o espaço, caímos inevitavelmente nos erros do associacionismo. Não insistiremos neste último ponto, que será objeto de um exame aprofundado no capítulo seguinte. Por agora, basta dizer que o ardor irreflectido com que tomamos partido em certas questões prova bem que a nossa inteligência tem instintos; e como representar estes instintos senão por um impulso comum a todas as nossas ideias, isto é, pela sua mútua penetração? As opiniões a que mais nos agarramos são as que explicamos com mais dificuldade, e as razões com que as justificamos raramente são as que nos levaram a adotá-las. Em certo sentido, adotámo-las sem razão, porque aos nossos olhos o seu valor reside em que o seu cambiante corresponde à coloração comum de todas as nossas ideias, porque, logo de início, vimos nelas algo de nós. Por isso, não tomam no nosso espírito a forma banal que revestirão quando dela as fizermos sair para as exprimir por palavras; e ainda que noutros espíritos tenham o mesmo nome, não são exatamente a mesma coisa. A bem dizer, cada uma vive como uma célula num organismo; tudo o que modifica o estado geral do eu modifica-a também a ela. Mas enquanto a célula ocupa um ponto determinado do organismo, uma ideia verdadeiramente nossa enche o nosso eu por completo. Aliás, é necessário que todas as nossas ideias se incorporem assim na grande massa dos nossos estados de consciência. Muitas flutuam à superfície como folhas mortas na água de um lago. Entendemos deste modo que o nosso espírito, quando as pensa, as encontra sempre numa espécie de imobilidade, como se lhe fossem exteriores. São deste número as ideias que recebemos já feitas e que em nós permanecem sem nunca se assimilarem à nossa substância ou, então, as ideias que deixámos de cuidar e que secaram no abandono. Se, à medida que nos afastamos das camadas profundas do eu, os nossos estados de consciência tendem cada vez mais a adquirir a forma de uma multiplicidade numérica e a desdobrar-se num espaço homogéneo, é precisamente porque tais estados de consciência afetam uma natureza cada vez mais inerte, uma forma cada vez mais impessoal. Não é preciso, pois, espantarmo-nos por só as ideias que menos nos pertencem se poderem adequadamente exprimir por palavras: só a elas, como veremos, se aplica a teoria associacionista. Exteriores umas às outras, conservam entre si relações em que a natureza íntima de cada uma delas não conta para nada, relações que se podem classificar; dir-se-á, pois, delas que se associam por contiguidade, ou por qualquer razão lógica. Mas se, escavando por baixo da superfície de contacto entre o eu e as coisas exteriores, penetramos nas profundezas da inteligência organizada e viva, assistiremos à sobreposição, ou, antes, à fusão íntima de muitas ideias que, uma vez dissociadas, parecem excluir-se sob a forma de termos logicamente contraditórios. Os sonhos mais bizarros, em que duas imagens se sobrepõem e nos apresentam simultaneamente duas personagens diferentes, e que apesar de tudo apenas fariam uma, darão uma fraca ideia da interpenetração dos nossos conceitos no estado de vigília. A imaginação do sonhador, isolada do mundo externo, reproduz em imagens simples e parodia, à sua maneira, o trabalho que incessantemente se prossegue, sobre as ideias, nas regiões mais profundas da vida intelectual.

Assim se verifica, assim se esclarecerá por um estudo mais aprofundado dos factos internos, o princípio que antes enunciámos: a vida consciente apresenta-se sob um duplo aspeto, consoante a percecionemos diretamente ou por refração através do espaço. – Considerados em si mesmos, os estados de consciência profundos não têm nenhuma relação com a quantidade; são qualidade pura; misturam-se de tal maneira que não se pode dizer se são um ou vários, nem sequer examiná-los sob este ponto de vista sem logo os desnaturar. A duração que assim criam é uma duração cujos momentos não constituem uma multiplicidade numérica: caracterizar estes momentos dizendo que interferem uns com os outros seria ainda distingui-los. Se cada um de nós vivesse uma vida puramente individual, se não houvesse nem sociedade nem linguagem, a nossa consciência captaria sob esta forma indistinta a série de estados internos? De modo nenhum, evidentemente, porque conservaríamos a ideia de um espaço homogéneo em que os objetos se distinguem nitidamente uns dos outros e porque é demasiado cómodo alinhar em semelhante meio para resolver em termos mais simples os estados de algum modo nebulosos que, num primeiro contacto, afetam o olhar da consciência. Mas também, notemos bem, a intuição de um espaço homogéneo é já uma preparação para a vida social. O animal, para além das suas sensações, não representa provavelmente como nós um mundo exterior bem distinto dele que seja propriedade comum de todos os seres conscientes. A tendência em virtude da qual representamos nitidamente a exterioridade das coisas e a homogeneidade do seu meio é a mesma que nos leva a viver em comum e a falar. Mas, à medida que se realizam mais completamente as condições da vida social, à medida também que se acentua mais a corrente que impele os nossos estados de consciência de dentro para fora, estes estados transformam-se pouco a pouco em objetos ou em coisas; não se separam apenas uns dos outros, mas também de nós. Então só os percecionamos no meio homogéneo em que condensámos a sua imagem e através da palavra que lhes empresta a sua banal coloração. Assim se forma um segundo eu que esconde o primeiro, um eu cuja existência tem momentos distintos, cujos estados se separam uns dos outros e se exprimem, sem dificuldade, por meio de palavras. E que não nos censurem de aqui estarmos a duplicar a pessoa, de nela introduzirmos sob uma outra forma a multiplicidade numérica que dela primeiramente havíamos excluído. É o mesmo eu que percepciona estados distintos e que, fixando em seguida mais a sua atenção, verá estes estados fundirem-se entre si como agulhas de neve em contacto prolongado com a mão. E, a bem dizer, devido à comodidade da linguagem, tem todo o interesse em não restabelecer a confusão precisamente onde reina a ordem e em não perturbar o engenhoso arranjo de estados de certo modo impessoais em virtude do qual deixou de formar «um império num império». Uma vida interior de momentos bem distintos, de estados nitidamente caracterizados, responderá melhor às exigências da vida social. Até uma psicologia superficial poderá contentar-se com descrevê-la sem por isso cair em erro, na condição, todavia, de se limitar ao estudo dos factos uma vez produzidos, e de deixar de lado o seu modo de formação. – Mas se, ao passar da estática à dinâmica, esta psicologia pretender raciocinar sobre os factos que se realizam tal como raciocinou sobre os realizados, se nos apresenta o eu concreto e vivo como uma associação de termos que, distintos uns dos outros, se justapõem num meio homogéneo, verá surgir à sua frente insuperáveis dificuldades. E tais dificuldades multiplicar-se-ão à medida que desenvolver esforços cada vez maiores para as resolver, porque todos os seus esforços não farão mais do que demonstrar cada vez melhor a absurdidade da hipótese fundamental segundo a qual se desdobrou o tempo no espaço e se pôs a sucessão no próprio seio da simultaneidade. – Vamos ver que as contradições inerentes aos problemas da causalidade, da liberdade, numa palavra, da personalidade, não têm outra origem, e que, para as eliminar, basta substituir a sua representação simbólica pelo eu real, o eu concreto.

## Capítulo 3

# Da organização dos estados de consciência

# A liberdade

Não é difícil compreender porque é que a questão da liberdade põe em confronto dois sistemas opostos da natureza, o mecanicismo e o dinamismo. O dinamismo parte da ideia da atividade voluntária, fornecida pela consciência, e chega à representação da inércia esvaziando pouco a pouco esta ideia; concebe, pois, sem dificuldade uma força livre, por um lado, e, por outro, uma matéria governada por leis. Mas o mecanicismo segue o caminho inverso. Os materiais com que opera a síntese, supõe-nos regidos por leis necessárias, e ainda que chegue a combinações cada vez mais ricas, cada vez mais difíceis de prever, cada vez mais contingentes aparentemente, não sai do círculo estreito da necessidade em que desde o principio se encerrara. – Ao aprofundarmos estas duas conceções da natureza, veremos que implicam duas hipóteses bastante diferentes sobre as relações da lei com o facto que rege. À medida que ergue o seu olhar, o dinamista crê perceber factos que se esquivam mais ao constrangimento das leis; eleva, pois, o facto a realidade absoluta e a lei à expressão mais ou menos simbólica desta realidade.

Pelo contrário, o mecanicismo destrinça no seio do facto particular um determinado número de leis, de que constituiria de algum modo o ponto de interseção; é a lei que, nesta hipótese, se transformaria na realidade fundamental. – Se agora procurássemos saber porque atribuem uns ao facto e outros à lei uma realidade superior, ver-se-ia, cremos nós, que o mecanicismo e o dinamismo tomam a palavra *simplicidade* em dois sentidos muito diferentes. É simples, para o primeiro, todo o princípio cujos efeitos se preveem e até se calculam; a noção de inércia torna-se assim, por definição, mais simples do que a de liberdade, o homogéneo mais simples do que o heterogéneo, o abstrato mais simples do que o concreto. Mas o dinamismo não procura tanto estabelecer entre as noções a ordem mais cómoda quanto reencontrar-lhe a filiação real; com efeito, frequentemente, a pretensa noção simples – a que o mecanicista tem como primitiva – foi obtida pela fusão de várias noções mais ricas que dela parecem derivar e que se neutralizaram mutuamente nesta mesma fusão, como uma obscuridade nasce da interferência de duas luzes. Encarada sob esta nova perspectiva, a ideia de espontaneidade é incontestavelmente mais simples do que a de inércia, dado que a segunda não se pode compreender nem definir senão mediante a primeira, e que a primeira se basta a si mesma. Cada um de nós tem, de facto, o sentimento imediato, real ou ilusório, da sua livre espontaneidade, sem que a ideia de inércia, seja por que motivo for, entre nesta representação. Mas, para definir a inércia da matéria, dir-se-á que ela não se pode mover por si própria nem por si própria parar, que todo o corpo se mantém em repouso ou em movimento enquanto não intervier outra força, e, nos dois casos, é à ideia de atividade que necessariamente nos referimos. Estas diversas considerações permitem-nos compreender porque é que, *a priori*, chegamos a duas conceções opostas da atividade humana, consoante entendemos a relação do concreto com o abstrato, do simples com o complexo e dos factos com as leis.

No entanto, *a posteriori*, invocam-se contra a liberdade factos precisos, uns físicos, outros psicológicos. Ora se alega que as nossas ações são necessitadas pelos sentimentos, pelas nossas ideias e por toda a série anterior dos nossos estados de consciência; ora se denuncia a liberdade como incompatível com as propriedades fundamentais da matéria e, em particular, com o princípio da conservação da força. Daí, duas espécies de determinismo, duas demonstrações empíricas, aparentemente diferentes, da necessidade universal. Vamos mostrar que a segunda destas duas formas se reduz à primeira e que todo o determinismo, mesmo físico, implica uma hipótese psicológica; estabeleceremos, depois, que o próprio determinismo psicológico e as refutações dele apresentadas se baseiam numa conceção inexata da multiplicidade dos estados de consciência e, sobretudo, da duração. Assim, à luz dos princípios desenvolvidos no capítulo anterior, veremos surgir um eu cuja atividade não se pode comparar à de nenhuma outra força.

O determinismo físico, na forma mais recente, está intimamente ligado com as teorias mecânicas ou, antes, cinéticas, da matéria. Representa-se o universo como um amontoado de matéria, que a imaginação transforma em moléculas e átomos. Estas partículas executariam continuamente movimentos de toda a ordem, ora vibratórios, ora de translação; e os fenómenos físicos, as ações químicas, as qualidades da matéria que os nossos sentidos percecionam, calor, som, eletricidade, até talvez atração, reduzir-se-iam objetivamente a estes movimentos elementares. Porque a matéria que entra na composição dos corpos organizados se encontra submetida às mesmas leis, não se encontraria outra coisa no sistema nervoso, por exemplo, senão moléculas e átomos que se movem, se atraem e repelem uns aos outros. Ora, se todos os corpos, orgânicos ou inorgânicos, agissem e reagissem assim entre si nas suas partes elementares, é evidente que o estado molecular do cérebro num determinado momento se modificará pelos choques que o sistema nervoso recebe da matéria circundante; de modo que as sensações, sentimentos e ideias que se sucedem em nós se poderão definir como resultantes mecânicas, obtidas pela composição dos choques recebidos de fora com os movimentos que animavam anteriormente os átomos da substância nervosa. Mas pode produzir-se o fenómeno inverso, e os movimentos moleculares de que o sistema nervoso é teatro, compondo-se entre si ou com outros, terão frequentemente como resultante uma reação do nosso organismo sobre o mundo circundante; daí os movimentos reflexos, daí também as ações ditas livres e voluntárias. Por outro lado, como o princípio da conservação da energia foi considerado inflexível, não há átomo algum, nem no sistema nervoso nem na imensidade do universo, cuja posição não seja determinada pela soma das ações mecânicas que os outros átomos exercem sobre ele. E o matemático que conhecesse a posição das moléculas ou átomos de um organismo humano, num determinado momento, bem como a posição e o movimento de todos os átomos do universo capazes de o influenciar, calcularia com uma precisão infalível as ações passadas, presentes e futuras da pessoa a que pertence este organismo, como se prediz um fenómeno astronómico ([1]).

Não teremos nenhuma dificuldade em reconhecer que esta concepção dos fenómenos fisiológicos em geral, e dos fenómenos nervosos em particular, decorre muito naturalmente da lei da conservação da força. Sem dúvida, a teoria atómica da matéria não passa ainda de uma hipótese e as explicações puramente cinéticas dos factos físicos perdem mais do que ganham em lhe estarem associadas. Assim, as experiências recentes de Hirn sobre o movimento dos gases ([2]) convidam-nos a ver ainda no

([1]) Ver a este propósito Lange, *Histoire du matérialisme*, trad. fr., t. II, II Parte.

([2]) Hirn, *Recherches expérimentales et analytiques sur les lois de l'écoulement et du choc des gaz*, Paris, 1886. Ver sobretudo as pp. 160-171 e 199-203.

calor outra coisa que não um simples movimento molecular. As hipóteses relativamente à constituição do éter luminífero, que Augusto Comte já tratava com grande desdém ([3]), não parecem em nada compatíveis com a regularidade verificada do movimento dos planetas ([4]), nem sobretudo com o fenómeno da divisão da luz ([5]). A questão da elasticidade dos átomos levanta dificuldades insuperáveis, mesmo depois das brilhantes hipóteses de William Thomson. Enfim, nada de mais problemático do que a existência do próprio átomo. A julgar pelas propriedades, cada vez mais numerosas, com que foi necessário dotá-lo, seríamos facilmente levados a ver no átomo, não uma coisa real, mas o resíduo materializado das explicações mecânicas. Apesar de tudo, há que sublinhar que a determinação necessária dos factos fisiológicos pelos seus antecedentes se impõe independentemente de qualquer hipótese sobre a natureza dos elementos últimos da matéria, sendo só por isto que alargamos a todos os corpos vivos o teorema da conservação da energia. É que admitir a universalidade deste teorema equivale a supor, no fundo, que os pontos materiais de que o universo se compõe estão apenas submetidos a forças atrativas e repulsivas que emanam destes mesmos pontos e cujas intensidades não dependem senão das distâncias; donde resultaria que a posição relativa destes pontos materiais, num dado momento – seja qual for a sua natureza –, é rigorosamente determinada em relação à que era no momento anterior. Aceitemos, pois, por um momento, esta última hipótese. Propomos mostrar, antes de mais, que ela não implica a determinação absoluta dos nossos estados de consciência uns pelos outros e, em seguida, que esta mesma universalidade do princípio da conservação da energia só pode admitir-se graças a alguma hipótese psicológica.

---

([3]) *Cours de philosophie positive*, t. II, 32.ª lição.

([4]) Hirn, *Théorie mécanique de la chaleur*, Paris, 1868, t. II, p. 267.

([5]) Stallo, *La matière et la physique moderne*, Paris, 1884, p. 69.

Supondo, com efeito, que a posição, a direção e a velocidade de cada átomo de matéria cerebral fossem determinadas em todos os momentos da duração, de modo algum se seguiria que a nossa vida psicológica estaria submetida à mesma fatalidade. Primeiramente, seria necessário provar que a um determinado estado cerebral corresponde um estado psicológico rigorosamente determinado, e esta demonstração ainda não se fez. Não se pensa exigi-la porque, na maioria da vezes, sabe-se que uma vibração determinada do tímpano e uma perturbação determinada do nervo auditivo produzem determinada nota da escala, e porque o paralelismo das duas séries física e psicológica foi verificado numa quantidade de casos bastante considerável. Mas também ninguém defendeu que fôssemos livres, nestas condições, para ouvir esta ou aquela nota ou para percecionar esta ou aquela cor que nos agradasse. As sensações deste género, como muitos outros estados psíquicos, estão claramente relacionadas com certas condições determinantes, e é precisamente por isso que se pôde imaginar ou encontrar sob elas um sistema de movimentos que a nossa mecânica abstrata governa. Em síntese, onde quer que se consiga dar uma explicação mecânica, nota-se um paralelismo quase rigoroso entre as duas séries fisiológica e psicológica, e não devemos espantar-nos, dado que as explicações deste género só se encontrarão, decerto, onde as duas séries apresentam elementos paralelos. Mas estender este paralelismo às próprias séries na sua totalidade é resolver *a priori* o problema da liberdade. Isto é permitido, sem dúvida, e os maiores pensadores não hesitaram em fazê-lo, mas, como antes dizíamos, também não foi por razões de ordem física que afirmaram a correspondência rigorosa dos estados de consciência aos modos da extensão. Leibniz atribuía-a a uma harmonia preestabelecida, sem admitir, em caso algum, que o movimento pôde dar origem à perceção, à maneira de uma causa que produz um efeito. Espinosa dizia que os modos do pensamento e os modos da extensão se correspondem, mas sem jamais se influenciarem: desenvolveriam, em duas línguas diferentes, a mesma eterna verdade. Mas o pensamento do determinismo físico, tal como se produz atualmente, está longe de proporcionar a mesma clareza, o mesmo rigor geométrico. Representamos movimentos moleculares a processarem-se no cérebro; a consciência separar-se-ia dele por vezes, sem que se saiba como, e iluminaria o seu vestígio como se fosse uma fosforescência. Ou, então, imaginar-se-á ainda o músico invisível que toca, detrás do palco, enquanto o ator toca num teclado cujas notas não soam: a consciência viria de uma região desconhecida sobrepor-se às vibrações molecularés, como a melodia aos movimentos ritmados do ator. Mas, seja qual for a imagem a que nos reportemos, não se demonstra, nunca se demonstrará, que o facto psicológico seja determinado necessariamente pelo movimento molecular. É que num movimento encontrar-se-á a razão do outro, mas não a de um estado de consciência: apenas a experiência poderá estabelecer que este último acompanha o primeiro. Ora, a ligação constante dos dois termos nunca se verificou experimentalmente a não ser num número muito restrito de casos e para factos que, na opinião de todos, são quase independentes da vontade. Mas compreende-se facilmente porque é que o determinismo físico estende esta relação a todos os casos possíveis.

Com efeito, a consciência adverte-nos que a maioria das nossas ações se explica por motivos. Por outro lado, não parece que determinação signifique aqui necessidade, já que o senso comum crê no livre arbítrio. Mas o determinismo, iludido por uma conceção da duração e da causalidade que criticaremos em pormenor um pouco mais adiante, considera como absoluta a determinação dos factos de consciência uns pelos outros. Assim nasce o determinismo associacionista, hipótese a favor da qual se invocará o testemunho da consciência, mas que não pode ainda alegar rigor científico. Parece natural que este determinismo, de alguma maneira aproximativo, este determinismo da qualidade, procura apoiar-se no próprio mecanismo que sustém os fenómenos da natureza: este emprestaria àquele o seu caráter geométrico, e a operação beneficiaria conjuntamente o determinismo psicológico, que passaria a ser mais rigoroso, e o mecanicismo físico, que se tornaria universal. Uma circunstância feliz favorece esta aproximação. Os factos psicológicos mais simples acabam, com efeito, por se fundar em fenómenos físicos bem definidos, e as sensações parecem, na sua maioria, ligadas a determinados movimentos moleculares. Este começo de prova experimental basta amplamente para aquele que, por razões de ordem psicológica, já admitiu a determinação necessária dos nossos estados de consciência pelas circunstâncias em que se produzem. Por isso, já não duvida em considerar a peça que se representa no teatro da consciência como uma tradução, sempre literal e servil, de algumas das cenas que as moléculas e os átomos da matéria organizada executam. O determinismo físico, em que assim desembocamos, não é mais do que o determinismo psicológico, que procura autoverificar-se e fixar os seus próprios contornos, mediante um apelo às ciências da natureza.

Apesar de tudo, é necessário reconhecer que a parte de liberdade que nos resta depois de uma aplicação rigorosa do princípio da conservação da força é bastante diminuta. É que, se esta lei não influencia necessariamente o curso das nossas ideias, determinará pelo menos os nossos movimentos. A nossa vida interior dependerá ainda de nós até certo ponto, mas, para um observador de fora, nada distinguirá a nossa atividade de um automatismo absoluto. Importa, pois, interrogarmo-nos se a extensão que se faz do princípio da conservação da força a todos os corpos da natureza não implica também alguma teoria psicológica e se o cientista que não teria *a priori* nenhum preconceito contra a liberdade humana pensaria elevar este princípio a lei universal.

Não é necessário exagerar o papel do princípio da conservação da energia na história das ciências da natureza. Na sua forma atual, marca uma certa fase da evolução de certas ciências, mas não presidiu a esta evolução e seria um erro fazer dele o postulado indispensável de toda a investigação científica. Sem dúvida, toda a operação matemática realizada sobre uma quantidade determinada implica a permanência desta quantidade ao longo da operação, seja qual for o modo como a decompomos. Por outras palavras, o que está dado está dado, e o que não está dado não está dado, e qualquer que seja a ordem por que se faça a soma dos mesmos termos, encontrar-se-á sempre o mesmo resultado. A ciência permanecerá eternamente submetida a esta lei, que é apenas a lei da não contradição; mas esta lei não implica nenhuma hipótese especial sobre a natureza do que se deverá dar, nem do que permanecerá constante. Também nos adverte de certo modo de que nada pode vir do nada. Todavia, só a experiência nos dirá quais os aspetos ou funções da realidade que, cientificamente, deverão contar para alguma coisa e quais os que, na perspetiva da ciência positiva, não deverão contar para nada. Em suma, para prever o estado de um determinado sistema num dado momento, torna-se necessário que algo aí se conserve numa quantidade constante através de uma série de combinações, mas cabe à experiência pronunciar-se sobre a natureza desse algo e, sobretudo, fazer-nos saber se o encontramos em todos os sistemas possíveis, ou seja, por outras palavras, se todos os sistemas possíveis se prestam aos nossos cálculos. Não se demonstrou que todos os físicos anteriores a Leibniz tenham acreditado, como Descartes, na conservação de uma mesma quantidade de movimento no universo, mas as suas descobertas tiveram menos valor, ou as suas investigações menos sucesso? Mesmo quando Leibniz substituiu este princípio pelo da conservação da força viva, não se podia considerar a lei assim formulada como perfeitamente geral, porque admitia uma exceção evidente no caso do choque central de dois corpos não elásticos. Portanto, durante muito tempo, dispensou-se um princípio conservador universal. Na sua forma atual, e após a elaboração da teoria mecânica do calor, o princípio da conservação da energia parecia perfeitamente aplicável à universalidade dos fenómenos físico-químicos. Mas nada nos diz que o estudo dos fenómenos fisiológicos em geral, e nervosos em particular, nos não revelará, além da força viva ou energia cinética, de que falava Leibniz, além da energia potencial que se julgou necessário acrescentar-lhe mais tarde, alguma energia de um novo género, que se distinga das outras duas por não se prestar já a cálculos. As ciências da natureza nada perderiam da sua precisão nem do rigor geométrico, como se pretendeu nos últimos tempos; admitir-se-ia apenas que os sistemas conservadores não são os únicos sistemas possíveis, ou talvez até que estes sistemas desempenham, no conjunto da realidade concreta, o mesmo papel que o átomo do químico nos corpos e suas combinações. Notemos que o mecanicismo mais radical é o que faz da consciência um *epifenómeno*, capaz de vir acrescentar-se, em dadas circunstâncias, a certos movimentos moleculares. Mas se o movimento molecular pode criar uma sensação com um nada de consciência, porque razão a consciência, por sua vez, não criaria movimento, quer com um nada de energia cinética e potencial, quer utilizando esta energia à sua maneira? – Notemos, além disso, que toda a aplicação inteligível da lei da conservação da energia se faz a um sistema cujos pontos, capazes de se moverem, também são suscetíveis de voltar à sua posição inicial. Pelo menos, concebe-se este regresso como possível e admite-se que, nestas condições, nada se alterará no estado primitivo do sistema total, nem nas suas partes elementares. Em resumo, o tempo não tem sobre ele influência alguma; e a crença vaga e instintiva da humanidade na conservação de uma mesma quantidade de matéria, de uma igual quantidade de força, deve-se precisamente talvez ao facto de que a matéria inerte não parece durar ou, pelo menos, não conserva nenhum vestígio do tempo decorrido. Mas não acontece o mesmo no domínio da vida. Aqui, a duração parece agir como uma causa, e a ideia de recolocar as coisas no seu lugar ao fim de algum tempo implica uma espécie de absurdo, porque semelhante volta atrás nunca se efetuou num ser vivo. Mas admitamos que o absurdo é puramente aparente e se deve a que os fenómenos físico-químicos, que se efetuam nos corpos vivos, por serem infinitamente complexos, não têm qualquer hipótese de alguma vez se reproduzirem todos simultaneamente. Pelo menos, conceder-nos-ão que a hipótese do retrocesso se torna ininteligível no campo dos factos de consciência. Uma sensação, apenas por se prolongar, modifica-se ao ponto de se tornar insuportável. O mesmo não continua a ser aqui o mesmo, mas reforça-se, aumenta com todo o seu passado. Em resumo, se o ponto material, como o entende a mecânica, permanece num eterno presente, o passado é talvez uma realidade para os corpos vivos e de certeza para os seres conscientes. Embora o tempo decorrido não constitua um ganho nem uma perda para um sistema considerado conservador, é um ganho, sem dúvida, e incontestavelmente, para o ser consciente. Nestas condições, não se poderão invocar conjeturas a favor da hipótese de uma força consciente ou vontade livre, que, submetida à ação do tempo e armazenando a duração, escaparia por isso mesmo à lei da conservação da energia?

Em boa verdade, não foi a necessidade de fundar a ciência, mas antes um erro de ordem psicológica, que levou a estabelecer este princípio abstrato da mecânica como lei universal. Como não temos o hábito de nos observar diretamente a nós mesmos, mas nos percecionamos através das formas tiradas do mundo exterior, acabamos por acreditar que a duração real, a duração vivida pela consciência, é idêntica à duração que desliza sobre os átomos inertes sem nada mudar neles. Daí não vermos o absurdo, uma vez o tempo decorrido, em recolocar as coisas no seu lugar, em supor que os mesmos motivos intervêm de novo nas mesmas pessoas e em concluir que estas causas produziriam ainda o mesmo efeito. Propomo-nos demonstrar um pouco mais adiante que esta hipótese é ininteligível. Limitemo-nos, por agora, a constatar que, uma vez tomado este caminho, se chega fatalmente a elevar o princípio da conservação da energia a lei universal. É que, precisamente, se abstraiu da diferença fundamental que um exame atento nos revela entre o mundo exterior e o mundo interno: identificou-se a duração verdadeira com a aparente. Por isso, seria um absurdo nunca considerarmos o tempo, mesmo o nosso, como uma causa de ganho ou de perda, como uma realidade concreta, como uma força à sua maneira. Por outro lado, enquanto – abstraindo de toda a hipótese sobre a liberdade – nos limitamos a dizer que a lei da conservação da energia rege os fenómenos físicos, esperando que os factos psicológicos a confirmem, ultrapassa-se infinitamente esta proposição e, sob a influência de um preconceito metafísico, sustenta-se que o princípio da conservação da força se aplicará à totalidade dos fenómenos, enquanto os factos psicológicos não o contradisserem. A ciência propriamente dita não tem nada a ver com isto; estamos na presença de uma assimilação arbitrária de duas conceções da duração que, na nossa opinião, diferem profundamente. Em resumo, o pretenso determinismo físico reduz-se, no fundo, a um determinismo psicológico, e é precisamente esta última doutrina, como já antes dissemos, que se trata de examinar.

O determinismo psicológico, na sua forma mais precisa e mais recente, implica uma conceção associacionista do espírito. Representa-se o estado de consciência atual como necessitado pelos estados anteriores e, contudo, vê-se bem que não há aqui uma necessidade geométrica, como a que liga uma resultante, por exemplo, aos movimentos componentes. É que existe entre estados de consciência sucessivos uma diferença de qualidade que impedirá sempre deduzir um deles, *a priori*, dos que o precedem. Recorre-se então à experiência e exige-se dela que mostre que a passagem de um estado psicológico ao seguinte se explica sempre por alguma razão simples, obedecendo o segundo de alguma maneira ao apelo do primeiro. De facto, ela mostra-o, e, por nosso lado, admitiremos sem dificuldade a existência de uma relação entre o estado presente e qualquer novo estado a que a consciência passa. Mas esta relação, que explica a passagem, será a sua causa?

Permita-se-nos relatar aqui uma observação pessoal. Ao retomarmos uma conversa interrompida durante alguns instantes, aconteceu apercebermo-nos de que pensávamos ao mesmo tempo, o nosso interlocutor e eu, em algum novo objeto. – Dir-se-á que cada um de nós prosseguiu, por seu lado, o desenvolvimento natural da ideia em que ficara interrompida a conversa; a mesma série de associações se formou em ambos. – Não hesitaremos em adotar esta interpretação para uma grande quantidade de casos; apesar de tudo, uma investigação minuciosa levou-nos aqui a um resultado inesperado. É bem verdade que os dois interlocutores relacionam o novo tema da conversação com o antigo; indicarão até as ideias intermediárias; mas, coisa curiosa, não é sempre com o mesmo ponto da conversa anterior que religarão a nova ideia comum, e as duas séries de associações intermediárias poderão diferir radicalmente. Que concluir daí, senão que a ideia comum deriva de uma causa desconhecida – talvez de alguma influência física – e que, para legitimar a sua aparição, suscitou uma série de antecedentes que a explicam, que parecem ser a sua causa, sendo, contudo, o seu efeito?

Quando uma pessoa executa na altura indicada a sugestão recebida num estado de hipnotismo, o ato que executa é efetuado, segundo ela, pela série anterior dos seus estados de consciência. Contudo, estes estados são, na realidade, efeitos e não causas: era necessário que o ato se cumprisse; era necessário também que a pessoa a si o explicasse; e foi o ato futuro que determinou, por uma espécie de atração, a série contínua de estados psíquicos donde, a seguir, brotará naturalmente. Os deterministas apossar-se-ão deste argumento: com efeito, prova que sofremos por vezes, de uma maneira irresistível, a influência de uma vontade estranha. Mas não nos faria também compreender como a nossa própria vontade é capaz de querer por querer e deixar a seguir o ato cumprido explicar-se por antecedentes de que ele foi a causa?

Ao interrogarmo-nos escrupulosamente a nós mesmos, veremos que nos acontece pesar motivos, deliberar, quando a nossa resolução já está tomada. Uma voz interior, dificilmente perceptível, murmura: «Porquê esta deliberação? Já conheces o resultado, e sabes perfeitamente o que vais fazer.» Mas não importa! Parece que devíamos salvaguardar o princípio do mecanicismo, e pautar-nos pelas leis da associação das ideias. A intervenção brusca da vontade é como um golpe de estado de que a nossa consciência tivesse o pressentimento e que antecipadamente legitima por uma deliberação regular. É verdade que se poderia perguntar se a vontade, mesmo quando quer por querer, não obedece a alguma razão decisiva, e se querer por querer seria querer livremente. Por agora, não insistiremos neste ponto. Bastar-nos-á ter demonstrado que, mesmo ao colocarmo-nos na perspetiva do associacionismo, é difícil afirmar a absoluta determinação do ato pelos seus motivos e a dos nossos atos de consciência uns pelos outros. Sob estas aparências enganadoras, uma psicologia mais atenta revela-nos, por vezes, efeitos que precedem as suas causas e fenómenos de atração psíquica que escapam às leis conhecidas da associação das ideias. – Mas chegou o momento de nos interrogarmos se a perspetiva em que o associacionismo se coloca não implica uma conceção deficiente do eu e da multiplicidade dos estados de consciência.

O determinismo associacionista representa o eu como um agregado de estados psíquicos em que o mais forte exerce uma influência preponderante e arrasta os outros consigo. Esta doutrina distingue, pois, nitidamente entre si os factos psíquicos coexistentes: «Poderia não ter morto», diz Stuart Mill, «se a minha aversão pelo crime e os receios das consequências tivessem sido mais fracos do que a tentação que me levava a cometê-lo.» ([6]) E um pouco mais adiante: «O seu desejo de fazer o bem e a sua aversão pelo mal são bastante fortes para vencer [...] qualquer outro desejo ou qualquer outra aversão contrárias.» ([7]) Assim, o desejo, a aversão, o medo, a tentação apresentam-se aqui como coisas distintas, e que nada impede, no presente caso, de nomear separadamente. Mesmo quando relaciona estes estados com o eu que os experimenta, o filósofo inglês procura estabelecer ainda distinções bem demarcadas: «O conflito tem lugar [...] entre o eu que deseja um prazer e o eu que teme os remorsos.» ([8]) Por seu lado, Alexandre Bain dedica um capítulo inteiro ao «Conflito dos motivos» ([9]). Nele compara os prazeres e os sofrimentos como outros tantos termos a que se poderia atribuir, pelo menos abstratamente, uma existência própria. Notemos que os próprios adversários do determinismo o seguem de bastante bom grado neste domínio, ao falarem também de associações de ideias e de conflitos de motivos, e que um dos mais profundos entre estes filósofos, Fouillé, não hesita em fazer da própria ideia de liberdade um motivo capaz de contrabalançar outras ([10]). – Contudo, expomo-nos aqui a uma confusão grave, que se deve a que a linguagem não é feita para exprimir todos os cambiantes dos estados internos.

Levanto-me, por exemplo, para abrir a janela, e eis que, uma vez levantado, me esqueço do que tinha a fazer: perma-

---

([6]) *La philosophie de Hamilton*, trad. de Cazelles, p. 554.

([7]) *Ibid.*, p. 556.

([8]) *Ibid.*, p. 555.

([9]) *The Emotions and the Will*, cap. VI.

([10]) Fouillée, *La liberte et le déterminisme.*

neço imóvel. – Nada de mais simples, dir-se-á; associastes duas ideias, a de um fim a atingir e a de um movimento a executar: uma das ideias desvaneceu-se e permanece apenas a representação do movimento. – Contudo, não volto a sentar-me; sinto confusamente que me falta fazer alguma coisa. A minha imobilidade não é uma imobilidade qualquer; na posição em que me encontro está como que preformado o ato a cumprir; por isso, nada mais tenho a fazer do que manter esta posição, estudá-la ou, antes, senti-la intimamente, para nela reencontrar a ideia há momentos desaparecida. Foi, pois, necessário que esta ideia tenha comunicado à imagem interna do movimento esboçado e da posição tomada uma coloração especial, e tal coloração não teria sido a mesma, sem dúvida, se o fim a atingir tivesse sido diferente. Apesar de tudo, a linguagem teria ainda expresso este movimento e esta posição da mesma maneira; e o psicólogo associacionista teria distinguido os dois casos dizendo que à ideia do movimento estava associada, desta vez, a de um fim novo. Como se a própria novidade do fim a atingir não modificasse, com o seu cambiante, a representação do movimento a executar, ainda que tal movimento fosse idêntico no espaço! – Não se deveria, pois, dizer que a representação de uma certa posição se pode relacionar, na consciência, com a imagem de diferentes fins a atingir, mas sim que posições geometricamente idênticas se oferecem à consciência do sujeito sob diferentes formas, consoante o fim representado. O erro do associacionismo foi ter eliminado, primeiramente, o elemento qualitativo do ato a cumprir, para apenas conservar o que tem de geométrico e de impessoal; à ideia deste ato, assim descolorida, foi necessário associar então alguma diferença específica para a distinguir de muitas outras. Mas esta associação é mais obra do filósofo associacionista, que estuda o meu espírito, do que do meu próprio espírito.

Respiro o odor de uma rosa, e logo lembranças confusas da infância me vêm à memória. Em boa verdade, estas lembranças não foram evocadas pelo perfume da rosa: respiro-as no próprio odor; ela é tudo isso para mim. Outros cheirá-la-ão de modo diferente. – É sempre o mesmo odor, direis, mas associado a ideias diferentes. – Concedo que vos expresseis assim; mas não vos esqueçais que, primeiro, eliminastes das diversas impressões que a rosa causa em cada um de nós o que elas têm de pessoal; delas apenas conservastes o aspeto objetivo, o que, no odor da rosa, pertence ao domínio comum e, para dizer tudo, ao espaço. Aliás, só com esta condição se pôde dar um nome à rosa e ao seu perfume. Foi necessário, então, para distinguir as nossas impressões pessoais umas das outras, acrescentar à ideia geral do odor de rosa carateres específicos. E dizeis agora que as nossas diversas impressões, as nossas impressões pessoais, resultam de associarmos ao odor de rosa lembranças diferentes. Mas a associação de que falais só existe para vós, e como processo de explicação. É assim que, ao justaporem-se certas letras de um alfabeto comum a muitas línguas, se imitará, melhor ou pior, determinado som característico, próprio de uma certa língua, mas nenhuma destas letras teria servido para compor o próprio som.

Chegámos assim à distinção que acima estabelecemos entre a multiplicidade da justaposição e a multiplicidade de fusão ou de penetração mútua. Tal sentimento, tal ideia encerra uma pluralidade indefinida de factos de consciência; mas a pluralidade só aparecerá por uma espécie de desdobramento neste meio homogéneo que alguns chamam duração e que, na realidade, é espaço. Perceberemos então termos exteriores uns aos outros, e estes termos já não serão os próprios factos de consciência, mas os seus símbolos ou, para falar com precisão, as palavras que os exprimem. Há, como demonstrámos, uma correlação íntima entre a faculdade de conceber um meio homogéneo, tal como o espaço, e a de pensar por ideias gerais. A partir do momento em que se procura cair na conta de um estado de consciência, analisá-lo, tal estado eminentemente pessoal decompor-se-á em elementos impessoais, exteriores uns aos outros, em que cada um evoca a ideia de um género e se exprime por uma palavra. Mas porque a nossa razão, equipada com a ideia de espaço e com o poder de criar símbolos, separa estes elementos múltiplos do todo, não se segue que nele estivessem todos contidos. É que, no seio do todo não ocupavam espaço e não procuravam expressar-se por símbolos; penetravam-se, fundiam-se uns nos outros. O associacionismo comete, portanto, um erro ao substituir continuamente o fenómeno concreto, que ocorre no espírito, pela reconstituição artificial que a filosofia lhe fornece, confundindo assim a explicação do facto com o próprio facto. Aliás, é disto que nos aperceberemos mais claramente à medida que considerarmos os estados mais profundos e mais compreensivos da alma.

O eu toca, de facto, no mundo exterior pela sua superfície; e como esta superfície conserva a marca das coisas, associará por contiguidade termos que percecionara justapostos: é a conexões deste género, conexões de sensações totalmente simples e, por assim dizer, impessoais, que a teoria associacionista convém. Mas, à medida que se escava abaixo desta superfície, à medida que o eu volta a si mesmo, também os seus estados de consciência cessam de se justapor para se penetrarem, se fundirem conjuntamente, e cada qual se colorir com a cor de todos os outros. Assim, cada um de nós tem a sua maneira de amar e de odiar, e este amor, este ódio, refletem a sua personalidade inteira. Contudo, a linguagem designa estes estados com as mesmas palavras em todos os homens; por isso, só pôde fixar o aspeto objetivo e impessoal do amor, do ódio e dos inúmeros sentimentos que agitam a alma. Avaliamos o talento de um romancista pelo poder com que retira do domínio público, a que a linguagem assim os fizera descer, sentimentos e ideias a que procura restituir, por uma multiplicidade de pormenores que se justapõem, a sua primitiva e viva individualidade. Mas, assim como se poderão intercalar infinitamente pontos entre duas posições de um móvel, sem nunca preencher o espaço percorrido, assim também, só porque falamos, só porque associamos ideias umas às outras e essas ideias se justapõem em vez de se penetrarem, não conseguimos traduzir completamente o que a nossa alma experimenta: o pensamento permanece incomensurável com a linguagem.

É, pois, uma psicologia grosseira, vítima da linguagem, a que nos mostra a alma determinada por uma simpatia, uma aversão ou um ódio como outras tantas forças que pesam sobre ela. Estes sentimentos, contanto que tenham atingido uma profundidade suficiente, representam cada um a alma inteira, no sentido de que todo o conteúdo da alma se reflete em cada um deles. Dizer que a alma se determina sob a influência de qualquer um destes sentimentos é, portanto, reconhecer que se determina a si mesma. O associacionista reduz o eu a um agregado de factos de consciência, sensações, sentimentos e ideias. Mas se nestes diversos estados nada mais vir do que o nome que os exprime, se retém apenas o aspeto impessoal, poderá justapô-los indefinidamente sem obter outra coisa a não ser um eu fantasma, a sombra do eu que se projeta no espaço. Se, pelo contrário, toma os estados psicológicos com a coloração particular de que se revestem em determinada pessoa e que chega a cada um a partir do reflexo dos demais, então, não é necessário associar vários factos de consciência para reconstituir a pessoa: toda ela se encontra num só deles, contanto que se saiba escolhê-lo. E a manifestação exterior deste estado interno será precisamente o que se chama um ato livre, porque só o eu será o seu autor, uma vez que ela exprimirá o eu total. Neste sentido, a liberdade não apresenta o caráter absoluto que o espiritualismo lhe empresta, por vezes; admite graus. – Pois, é preciso que todos os estados de consciência se misturem com os seus congéneres, como gotas de chuva à água de um lago. O eu, enquanto perceciona um espaço homogéneo, apresenta uma certa superfície, e nela poder-se-ão formar e flutuar vegetações independentes.

Assim, uma sugestão recebida no estado de hipnotizado não se incorporará na massa dos factos de consciência, mas, dotada de uma vitalidade própria, substituir-se-á à pessoa, quando tiver soado a sua hora. Uma cólera violenta suscitada por alguma circunstância acidental ou um vício hereditário que emerge de repente das profundidades obscuras do organismo à superfície da consciência agirão quase como uma sugestão hipnótica. Além destes termos independentes, depararemos com séries mais complexas, cujos elementos se penetram uns aos outros, mas nunca chegam a fundir-se perfeitamente na massa compacta do eu. É este o conjunto de sentimentos e de ideias que nos vêm de uma educação mal compreendida, a que se destina mais à memória do que ao juízo. Forma-se aqui, no centro do próprio eu fundamental, um eu parasita que invadirá continuamente o outro. Muitos vivem assim, e morrem sem terem conhecido a verdadeira liberdade. Mas a sugestão tornar-se-ia persuasão se o eu total a assimilasse; a paixão, mesmo repentina, nunca apresentaria o mesmo caráter fatal se nela se refletisse, como na indignação de Alceste, toda a história da pessoa; e a educação mais autoritária nada suprimiria da nossa liberdade se ela nos comunicasse apenas ideias e sentimentos capazes de impregnar a alma inteira. Com efeito, é da alma inteira que emana a decisão livre, e o ato será tanto mais livre quanto mais a série dinâmica a que se liga tender identificar-se com o eu fundamental.

Assim compreendidos, os atos livres são raros, mesmo por parte dos que mais têm o costume de se observar e de raciocinar sobre o que fazem. Mostrámos que nos apercebíamos, na maioria das vezes, por refração através do espaço de que os nossos estados de consciência se solidificavam em palavras e de que o nosso eu concreto, o nosso eu vivo, se recobria com uma crosta exterior de factos psicológicos nitidamente desenhados, separados uns dos outros e, por consequência, fixos. Acrescentámos que, por comodidade da linguagem e facilidade das relações sociais, tínhamos todo o interesse em não abrir esta crosta e admitir que ela desenha exatamente a forma do objeto que cobre. Agora, diremos que as nossas ações diárias se inspiram muito menos nos nossos próprios sentimentos, infinitamente móveis, do que em imagens invariáveis a que estes sentimentos aderem. De manhã, quando soa a hora a que por hábito me levanto, poderia receber essa impressão ξὺν ὅλῄ τῃ ψυχῄ, segundo a expressão de Platão; poderia permitir-lhe fundir-se na massa confusa das impressões que me ocupam; talvez então ela não me determinasse a agir. Mas quase sempre esta impressão, em vez de abalar toda a minha consciência como uma pedra que cai na água de um tanque, se limita a agitar uma ideia, por assim dizer, solidificada à superfície, a ideia de me levantar e de me entregar às minhas ocupações habituais. Esta impressão e esta ideia acabaram por se ligar uma à outra. Por isso, o ato segue a impressão sem que a minha personalidade nisso se interesse: sou aqui um autónomo consciente, e sou-o porque tenho toda a vantagem nisso. Ver-se-ia então que a maior parte das nossas ações diárias se realizam assim e que, graças à solidificação, na nossa memória, de certas sensações, de certos sentimentos, de certas ideias, as impressões de fora provocam em nós movimentos que, conscientes e até inteligentes, se assemelham, sob muitos aspetos, a atos reflexos. É a estas ações muito numerosas, mas insignificantes para a maioria, que a teoria associacionista se aplica. Constituem, reunidas, o substrato da nossa atividade livre, e desempenham em relação a esta atividade o mesmo papel que as nossas funções orgânicas relativamente ao conjunto da nossa vida consciente. Concederemos, aliás, ao determinismo que abdicamos muitas vezes da nossa liberdade em circunstâncias mais graves e que, por inércia ou moleza, deixamos que este mesmo processo local se realize, quando toda a nossa personalidade deveria, por assim dizer, vibrar. Quando os nossos amigos mais seguros concordam em nos aconselhar um ato importante, os sentimentos que exprimem com tanta insistência vêm pôr-se à superfície do nosso eu e aí se solidificam como as ideias de que há pouco falávamos. Pouco a pouco, formarão uma crosta espessa que cobrirá os nossos sentimentos pessoais; julgávamos agir livremente, e só quando mais tarde refletirmos nisso é que reconheceremos o nosso erro. Mas por isso, no momento em que o ato se vai realizar, não é raro que uma revolta se produza.

É o eu de baixo que sobe à superfície. É a crosta exterior que estala, cedendo a um irresistível impulso. Operava-se, pois, nas profundezas deste eu, e sob estes argumentos muito razoavelmente justapostos, uma efervescência e, por isso mesmo, uma tensão crescente de sentimentos e de ideias, não inconscientes, sem dúvida, mas que não queríamos advertir. Refletindo bem, acolhendo cuidadosamente as nossas recordações, veremos que nós próprios formámos essas ideias, vivemos esses sentimentos, mas que, por uma inexplicável repugnância em querer, os tínhamos repelido para as profundidades obscuras do nosso ser, sempre que emergiam à superfície. E é por isso que em vão procuramos explicar a nossa brusca mudança de resolução pelas circunstâncias aparentes que a precederam. Queremos saber porque razão nos decidimos, e descobrimos que o fizemos sem razão, talvez até contra toda a razão. Mas aí reside, em certos casos, precisamente a melhor das razões. A ação efetuada já não exprime então tal ideia superficial, quase exterior a nós, distinta e fácil de exprimir: corresponde ao conjunto dos nossos sentimentos, dos nossos pensamentos e das nossas aspirações mais íntimas, à conceção particular da vida que é o equivalente de toda a nossa experiência passada, em síntese, à nossa ideia pessoal da felicidade e da honra. Por isso, foi um erro, para provar que o homem é capaz de escolher sem motivo, ir buscar exemplos a circunstâncias normais e até indiferentes da vida. Mostrar-se-ia facilmente que estas ações insignificantes estão relacionadas com algum motivo determinante. É nas circunstâncias solenes, quando se trata da opinião que de nós daremos aos outros e, sobretudo, a nós próprios, que escolhemos a despeito do que se convencionou chamar um motivo; e esta ausência de toda a razão tangível é tanto mais flagrante quanto mais formos profundamente livres.

Mas o determinista, ainda quando não eleva a forças as emoções graves ou os estados profundos da alma, distingue-os, contudo, uns dos outros, e desemboca assim numa conceção mecanicista do eu. Mostrar-nos-á o eu hesitante entre dois sentimentos contrários, indo deste para aquele, e optando finalmente por um deles. O eu e os sentimentos que o agitam encontram-se assim assimilados a coisas bem definidas, que permanecem idênticas a si próprias no decurso de toda a operação. Mas, se é sempre o mesmo eu que delibera e se os dois sentimentos contrários que o emocionam não se alteram, como é que, em virtude deste princípio da causalidade que o determinismo invoca, o eu se pode decidir? A verdade é que o eu, só porque experimentou o primeiro sentimento, já mudou algo quando sobrevêm o segundo: em todos os momentos da deliberação, o eu modifica-se e modifica também, por consequência, os dois sentimentos que o perturbam. Assim se forma uma série dinâmica de estados que se penetram, se reforçam uns aos outros, e chegarão a um ato livre por uma evolução natural. Mas o determinista, obedecendo a uma vaga necessidade de representação simbólica, designará com palavras os sentimentos opostos que dividem o eu, assim como o próprio eu. Cristalizando-os na forma de palavras bem definidas, retira antecipadamente e em primeiro lugar toda a espécie de atividade viva à pessoa e, depois, aos sentimentos com que ela se emocionou. Verá, então, por um lado, um eu sempre idêntico a si mesmo e, por outro, sentimentos contrários, não menos invariáveis, que o disputam; a vitória pertencerá necessariamente ao mais forte. Mas este mecanismo a que antecipadamente nos condenámos não tem outro valor além do de uma representação simbólica; não pode manter-se contra o testemunho de uma consciência atenta, que nos apresenta o dinamismo interno como um facto.

Em resumo, somos livres quando os nossos atos emanam de toda a nossa personalidade, quando a exprimem, quando com ela têm a indefinível semelhança que por vezes se encontra entre a obra e o artista. Em vão se alegará que cedemos então à influência todo-poderosa do nosso caráter. O nosso caráter é ainda nós; e porque se gostou de dividir a pessoa em duas partes para considerar, sucessivamente, por um esforço de abstração, o eu que sente ou pensa e o eu que age, haveria certa infantilidade em concluir que um dos dois eus pesa sobre o outro. A mesma censura se dirigirá aos que perguntam se somos livres de modificar o nosso caráter. É claro que o nosso caráter se modifica insensivelmente todos os dias, e a nossa liberdade sofreria com isso se as novas aquisições viessem enxertar-se no nosso eu, e não fundir-se com ele. Mas, a partir do momento em que esta fusão se der, dever-se-á dizer que a mudança ocorrida no nosso caráter é totalmente nossa, que dela nos apropriámos. Numa palavra, se se convenciona chamar livre a todo o ato que emana do eu, e apenas do eu, o ato que leva a marca da nossa pessoa é verdadeiramente livre, porque só o nosso eu lhe reivindicará a paternidade. A tese da liberdade encontrar-se-ia assim verificada, se consentíssemos em só procurar a liberdade num certo caráter da decisão tomada, numa palavra, no ato livre. Mas o determinista, ao ver que esta posição lhe escapa, refugia-se no passado ou no futuro. Ora se transporta, pelo pensamento, para um período anterior e afirma a determinação necessária, neste preciso momento, do ato futuro; ora, supondo antecipadamente a ação realizada, pretende que ela não se podia ter produzido de outra maneira. Os adversários do determinismo não hesitam em segui-lo neste novo terreno e em introduzir na definição do ato livre – talvez, não sem algum risco – a previsão do que se poderia fazer e a lembrança de outra escolha pela qual se poderia ter optado.

Convém, pois, colocarmo-nos nesta nova perspetiva e procurarmos, prescindindo das influências externas e dos preconceitos da linguagem, o que a consciência totalmente pura nos ensina sobre a ação futura ou passada. Captaremos assim, de outra maneira, e na medida em que se referem explicitamente a uma certa conceção da duração, quer o erro fundamental do determinismo, quer a ilusão dos seus adversários.

«Ter consciência do livre arbítrio», diz Stuart Mill, «significa ter consciência, antes de feita a escolha, de ter podido escolher diversamente.» ([11]) De facto, é precisamente assim que os defensores da liberdade a entendem, e afirmam que, ao efectuarmos uma ação livremente, alguma outra ação teria sido igualmente possível. A este respeito invocam o testemunho da consciência, que nos leva a compreender, para além do próprio ato, o poder de optar pelo partido contrário. Inversamente, o determinismo pretende que, postos determinados antecedentes, só uma única ação resultante era possível: «Ao supormos», continua Stuart Mill, «que teríamos agido diversamente do que fizemos, supomos sempre uma diferença nos antecedentes. Fingimos ter conhecido algo que não conhecemos, ou não ter conhecido algo que conhecemos, etc.» ([12]) E, fiel ao seu princípio, o filósofo inglês atribui à consciência o papel de nos informar sobre o que é, não sobre o que poderia ser. – Por agora, não insistiremos neste último ponto; reservamos a questão de saber em que sentido o eu se percebe como causa determinante. Mas, para além desta questão de ordem psicológica, existe outra, de natureza metafísica, que os deterministas e os seus adversários resolvem *a priori* em sentidos opostos. A argumentação dos primeiros implica, com efeito, que a antecedentes dados apenas corresponde um ato possível; os partidários

---

([11]) *La philosophie de Hamilton*, p. 551.

([12]) *Ibid.*, p. 554.

do livre arbítrio supõem, pelo contrário, que a mesma série podia resultar em vários atos diferentes, igualmente possíveis. É sobre esta questão da igual possibilidade de duas ações ou de duas volições contrárias que nos deteremos em primeiro lugar. Talvez obtenhamos assim alguma indicação sobre a natureza da operação pela qual a vontade escolhe.

Hesito entre duas ações possíveis X e Y, e passo sucessivamente de uma a outra. Isto significa que passo por uma série de estados, e que estes estados se podem repartir em dois grupos, segundo me inclino mais para X ou para a decisão contrária. Aliás, só estas inclinações opostas têm uma existência real, sendo X e Y dois símbolos pelos quais represento, nos seus pontos de chegada, por assim dizer, duas diferentes tendências da minha pessoa em momentos sucessivos da duração. Designemos, portanto, por X e Y estas mesmas tendências: a nossa nova notação apresentará uma imagem mais fiel da realidade concreta? É necessário assinalar, como acima dizíamos, que o eu cresce, enriquece-se e muda, à medida que passa pelos dois estados contrários. Senão, como é que se poderia decidir? Não há, pois, precisamente dois estados contrários, mas uma multiplicidade de estados sucessivos e diferentes no interior dos quais separo, por um esforço de imaginação, duas direções opostas. Por conseguinte, aproximar-nos-emos ainda mais da realidade ao concordarmos em designar com os sinais invariáveis X e Y, não estas tendências ou os próprios estados, porque mudam continuamente, mas as duas direções diferentes que a nossa imaginação lhes atribui para maior comodidade da linguagem. Aliás, ficará entendido que são representações simbólicas, que na verdade não há duas tendências, nem mesmo duas direções, mas um eu que vive e se desenvolve em resultado das suas próprias hesitações, até que a ação livre se desprenda como um fruto demasiado maduro.

Mas esta conceção da atividade voluntária não satisfaz o senso comum, porque, sendo essencialmente mecanicista, este gosta das distinções demarcadas, as que se exprimem por palavras bem definidas ou por posições diferentes no espaço. Portanto, representará um eu que, depois de ter percorrido uma série MO de factos de consciência e ter chegado ao ponto O, se vê perante duas direções OX e OY igualmente em aberto. Estas direções tornam-se assim *coisas*, verdadeiros caminhos onde desembocaria a grande estrada da consciência e pelos quais caberia apenas ao eu enveredar indiferentemente. Em resumo, a atividade contínua e viva deste eu em que tínhamos discernido, apenas por abstração, duas direções opostas é substituída por estas direções, transformadas em coisas inertes, indiferentes e que aguardam a nossa escolha. Mas então é necessário que se assinale a atividade do eu em algum sítio. Situá-la-emos no ponto O; dir-se-á que o eu, chegado a O, e perante duas decisões a tomar, hesita, delibera, e opta finalmente por uma delas. Como havia dificuldade em representar a dupla direção da atividade consciente em todas as fases do seu desenvolvimento contínuo, cristalizámos à parte estas duas tendências, e à parte também a atividade do eu. Obtém-se assim um eu indiferentemente ativo, que hesita entre duas decisões inertes e como que solidificadas. Ora, se optar por OX, a linha OY não deixará de subsistir; se se decidir por OY, o caminho OX permanecerá aberto, esperando que o eu volte atrás para, se for necessário, dele se servir. É neste sentido que se dirá, ao falar de um ato livre, que a acção contrária era igualmente possível. E, ainda que não se construísse no papel uma figura geométrica, pensa-se nela involuntariamente, quase inconscientemente, a partir do momento em que se distinguem no ato livre várias fases sucessivas, representação dos motivos opostos, hesitação e escolha – dissimulando assim o simbolismo geométrico sob uma espécie de cristalização verbal. Ora, é

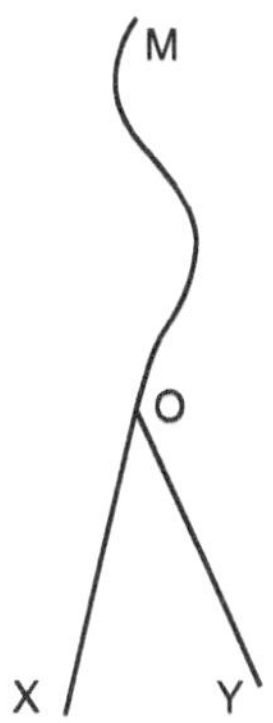

fácil ver que esta concepção verdadeiramente mecanicista da liberdade desemboca, por uma lógica natural, no mais inflexível determinismo.

A atividade viva do eu, em que discernimos por abstracção duas tendências opostas, acabará, de facto, por desembocar, ou em X, ou em Y. Ora, já que se concorda em localizar no ponto O a dupla atividade do eu, não há razão para separar esta atividade do ato no qual ela irá desembocar e que forma uma totalidade com ela. E se a experiência mostrar que nos decidimos por X, não é uma atividade indiferente que deverá situar no ponto O, mas uma atividade dirigida antecipadamente no sentido OX, apesar das hesitações aparentes. Se, pelo contrário, a observação provar que se optou por Y, é porque a atividade localizada por nós no ponto O afetava preferentemente esta segunda direção, apesar de algumas oscilações no sentido da primeira. Declarar que o eu, chegado ao ponto O, escolheu indiferentemente entre X e Y é deter-se a meio caminho na via do simbolismo geométrico, é fazer cristalizar no ponto O uma parte apenas da atividade contínua onde discerníamos, sem dúvida, duas direções diferentes, mas que, além disso, desembocou em X ou em Y. Porque não prestar atenção a este último facto como aos outros dois? Porque não atribuir-lhe também o seu lugar na figura simbólica que acabámos de construir? Mas se o eu, chegado ao ponto O, está já determinado num sentido, a outra via, ainda que aberta, não a pode ele seguir. E o mesmo simbolismo grosseiro em que se pretendia fundar a contingência da ação realizada desembocou, por um prolongamento natural, no estabelecimento da sua absoluta necessidade.

Em síntese, defensores e adversários da liberdade estão de acordo em fazer preceder a ação por uma espécie de oscilação mecânica entre dois pontos X e Y. Se opto por X, os primeiros dir-me-ão: hesitaste, deliberaste, portanto, Y era possível. Os outros responderão: escolheste X, logo, tiveste alguma razão para o fazer, e quando se declara Y igualmente possível, esquece-se esta razão; deixa-se de lado uma das condições do problema. – Se agora escavar por baixo das duas soluções opostas, descobrirei um postulado comum: uns e outros se colocam depois de realizada a ação X e representam o processo da minha atividade voluntária com uma estrada MO que se bifurca no ponto O, simbolizando as linhas OX e OY as duas direções que a abstração distingue no seio da atividade contínua de que X é o termo. Mas enquanto os deterministas têm em consideração tudo o que sabem e constatam que o caminho MOX foi percorrido, os seus adversários simulam ignorar um dos dados com que construíram a figura e, depois de terem traçado as linhas OX e OY que deveriam representar, reunidas, o progresso da atividade do eu, fazem voltar o eu ao ponto O para aí oscilar até nova ordem.

Com efeito, não se pode esquecer que esta figura, verdadeiro desdobramento da nossa atividade psíquica no espaço, é puramente simbólica e, como tal, só poderá construir-se se aceitarmos a hipótese de uma deliberação terminada e uma resolução tomada. Podereis perfeitamente traçá-la antecipadamente; é porque vos suporeis então chegados ao termo e assistindo com a imaginação ao ato final. Em síntese, esta figura não me mostra a ação a realizar-se, mas a ação realizada. Não me pergunteis, pois, se o eu, tendo percorrido o caminho MO e tendo-se decidido por X, podia ou não optar por Y. Responderia que a pergunta não tem sentido, porque não existe linha MO, nem ponto O, nem caminho OX, nem direção OY. Levantar semelhante questão é admitir a possibilidade de representar adequadamente o tempo pelo espaço, e uma sucessão por uma simultaneidade. É atribuir à figura traçada o valor de uma imagem, e não apenas de um símbolo; é acreditar que se poderia seguir o processo da atividade psíquica nesta figura como a marcha de um exército num mapa. Assistiu-se à deliberação do eu em todas as suas fases, e até à realização do ato. Então, recapitulando os termos da série, apercebe-se a sucessão sob a forma de simultaneidade, projeta-se o tempo no espaço e raciocina-se, consciente ou inconscientemente, sobre esta figura geométrica. Mas esta figura representa uma *coisa*, e não um *progresso*; corresponde, na sua inércia, à lembrança de algum modo congelada da deliberação global e da deliberação final que se tomou. Como nos forneceria ela a menor indicação sobre o movimento concreto, sobre o progresso dinâmico, pelo qual a deliberação desembocou no ato? E, contudo, uma vez construída a figura, remonta-se pela imaginação ao passado e pretende-se que a nossa atividade psíquica tenha precisamente seguido o caminho traçado pela figura. Recai-se assim na ilusão a que antes nos referimos: explica-se mecanicamente um facto, depois, substitui-se o próprio facto por esta explicação. É assim que, desde os primeiros passos, deparamos com inextricáveis dificuldades: se as duas partes eram igualmente possíveis, como se escolheu? Se só uma das duas era possível, por que nos julgámos livres? – E não se vê que esta dupla interrogação equivale sempre a esta: o tempo é espaço?

Se percorro com os olhos uma estrada traçada no mapa, nada me impede de arrepiar caminho e de investigar se ela se bifurca noutros locais. Mas o tempo não é uma linha na qual volte a passar. É claro que, uma vez decorrido, temos o direito de representar os seus sucessivos momentos como exteriores uns aos outros e de pensar assim uma linha que atravessa o espaço; mas compreender-se-á que esta linha simboliza, não o tempo que decorre, mas o tempo decorrido. É o que os defensores e adversários do livre arbítrio esquecem igualmente, os primeiros quando afirmam e os outros quando negam a possibilidade de agir diversamente de como se agiu. Os primeiros raciocinam assim: «O caminho ainda não está traçado, logo, ele pode tomar uma direção qualquer.» A que se responderá: «Esqueceis que só se poderá falar de caminho, uma vez a ação realizada; mas, então, ele estará já traçado.» – Os outros dizem:

«O caminho foi assim traçado; logo, a sua direção possível não era uma direção qualquer, mas esta mesma direção.» Ao que se replicará: «Antes de o caminho ter sido traçado, não havia direção possível nem impossível, pela razão muito simples de que ainda não se podia tratar de caminho.» Abstraí deste simbolismo grosseiro, cuja ideia, sem saberdes, vos obsessiona; vereis que a argumentação dos deterministas reveste esta forma infantil: «O ato, uma vez realizado, está realizado»; e que os adversários respondem: «O ato, antes de estar realizado, ainda o não estava.» Por outras palavras, a questão da liberdade sai intacta desta discussão; e isto compreende-se facilmente, porque é preciso procurar a liberdade num certo cambiante ou qualidade da própria ação, e não numa relação do ato com aquilo que ele não é ou com o que poderia ter sido. Toda a obscuridade deriva de tanto uns como outros representarem a deliberação sob a forma de oscilação no espaço, quando consiste num progresso dinâmico em que o eu e os próprios motivos estão num constante devir, como verdadeiros seres vivos. O eu, infalível nas suas constatações imediatas, sente-se livre e declara-o; mas quando procura explicar a sua liberdade, só se apercebe dela por uma espécie de refração através do espaço. Daí, um simbolismo de refração através do espaço. Daí um simbolismo de natureza mecanicista, igualmente impróprio para provar a tese do livre arbítrio, para a fazer compreender e para a refutar.

Mas o determinista não se dará por vencido, e coloca a questão sob uma nova forma: «Deixemos de lado», dirá, «as ações realizadas; consideremos apenas os atos por acontecer. A questão está em saber se, conhecendo a partir de hoje todos os antecedentes futuros, alguma inteligência superior poderia predizer com absoluta certeza a decisão que daí sairá.» – Não nos opomos a que se ponha nestes termos o problema: proporcionar-se-nos-á assim a ocasião de formular a nossa ideia com mais rigor. Mas, primeiro, estabeleceremos uma distinção entre os que pensam que o conhecimento dos antecendentes permitiria formular uma conclusão provável e os que falam de uma previsão infalível. Dizer que certo amigo, em certas circunstâncias, agiria muito provavelmente de uma certa maneira, não é tanto predizer a conduta futura do nosso amigo como formular um juízo sobre o seu caráter presente, isto é, ao fim e ao cabo, sobre o seu passado. Se os nossos sentimentos, as nossas ideias, numa palavra, o nosso caráter, se modificam continuamente, é raro que se observe uma mudança súbita; é mais raro ainda que se possa dizer de uma pessoa conhecida que certas ações parecem bastante conformes com a sua natureza e que outras lhe repugnam em absoluto. Todos os filósofos estarão de acordo sobre este ponto, porque ligar o futuro ao presente mais não é do que estabelecer uma relação de conveniência ou de não conveniência entre uma dada conduta e o presente caráter de uma pessoa que se conhece. Mas o determinista vai muito mais longe: afirma que a contingência da nossa solução se deve a que nunca conhecemos todas as condições do problema; que a probabilidade da nossa previsão aumentaria à medida que nos fornecessem uma maior quantidade destas condições; e que, enfim, o conhecimento completo, perfeito, de todos os antecedentes sem exceção alguma tornaria a previsão infalivelmente verdadeira. Tal é, pois, a hipótese que se trata de examinar.

Para fixar as ideias, imaginemos uma personagem chamada a tomar uma decisão aparentemente livre em graves circunstâncias; chamá-la-emos Pedro. A questão está em saber se um filósofo Paulo, vivendo na mesma época que Pedro ou, se preferirdes, vários séculos antes, teria podido, conhecendo *todas* as condições em que Pedro agiu, predizer, com certeza, a escolha que Pedro fez.

Há várias maneiras de representar o estado de uma pessoa num dado momento. Procuramos fazê-lo quando lemos um romance, por exemplo; mas qualquer cuidado que o autor tenha posto em pintar os sentimentos do seu herói e até em reconstituir a história, o desenlace, previsto ou imprevisto, acrescentará alguma coisa à ideia que tínhamos da personagem; logo, só imperfeitamente conhecemos a personagem. Em boa verdade, os estados profundos da nossa alma, os que se traduzem por atos livres, exprimem e resumem o conjunto da nossa história passada: se Paulo conhece todas as condições em que Pedro agiu é porque, provavelmente, não lhe escapa nenhum pormenor da vida de Pedro, e a sua imaginação reconstrói a história e até a revive. Mas é preciso fazer aqui uma importante distinção. Quando eu próprio passo por um certo estado psicológico, conheço com precisão a intensidade deste estado e sua importância em relação aos outros; não que eu meça ou compare, mas porque a intensidade de um sentimento profundo, por exemplo, não é outra coisa excepto este mesmo sentimento. Pelo contrário, se procuro explicar-vos este estado psicológico, só vos posso levar a compreender a sua intensidade por um sinal preciso e de natureza matemática; será necessário que eu meça a sua importância, que o compare com o precedente e com o que se segue, e, por último, que determine a parte que lhe pertence no ato final. E declará-lo-ei mais ou menos intenso, mais ou menos importante, segundo o ato final se explicar por ele ou sem ele. Pelo contrário, para a minha consciência que percebia este estado interno, não era necessária uma comparação deste género; a intensidade aparecia-lhe como uma qualidade inexprimível do próprio estado. Por outras palavras, a intensidade de um estado psíquico não é dada à consciência como um sinal especial que acompanharia este estado e lhe determinaria o alcance, à maneira de um expoente algébrico; mostrámos acima que ela lhe exprimia antes o cambiante, a coloração própria e que, se se trata por exemplo de um sentimento, a sua intensidade consiste em ser sentido. Por isso, será necessário distinguir duas maneiras de assimilar os estados de consciência de outrem: um dinâmico, que consistiria em pessoalmente os experimentar; o outro estático, pelo qual se substituiria à própria consciência de tais estados a sua imagem ou, antes, o seu símbolo intelectual, a sua ideia. Imaginá-los-íamos então, em vez de os reproduzir. Só que, neste último caso, dever-se-á acrescentar à imagem dos estados psíquicos a indicação da sua intensidade, porque já não actuam na pessoa em que se esboçam, e porque esta já não tem oportunidade de lhes experimentar a força, sentindo-os. Mas até esta indicação adquirirá necessariamente um caráter quantitativo: constatar-se-á, por exemplo, que determinado sentimento tem mais força do que outro, que é preciso atender mais a ele, que desempenhou um papel mais importante. Mas como se saberia isso, se não se conhecesse por antecipação a história ulterior da pessoa de que nos ocupamos e os atos que são o resultado desta multiplicidade de estados e de inclinações? Por conseguinte, para que Paulo represente adequadamente o estado de Pedro num momento qualquer da sua história, será necessária de duas coisas uma: ou que, à semelhança de um romancista que sabe para onde conduz as suas personagens, Paulo conheça já o ato final de Pedro, e possa assim acrescentar à imagem dos estados sucessivos por que Pedro vai passar a indicação do seu valor relativamente ao conjunto da sua história; ou que ele próprio se resigne a passar por estes diversos estados, não já em imaginação, mas realmente. A primeira das hipóteses terá de rejeitar-se, porque se trata precisamente de saber se, dados apenas os antecedentes, Paulo poderá prever o ato final. Eis-nos, pois, obrigados a modificar profundamente a ideia que fazíamos de Paulo: não é, como primeiramente tínhamos pensado, um espectador cujo olhar mergulha no futuro, mas um ator que desempenha antecipadamente o papel de Pedro. E notai que não podeis poupar-lhe nenhum pormenor deste papel, porque os acontecimentos mais insignificantes têm a sua importância numa história, e, caso a não tivessem, não os poderíeis ter como insignificantes, a não ser relativamente ao ato final, o qual, por hipótese, não está dado. Não tendes também nenhum direito – ainda que fosse por um segundo – de abreviar os diversos estados de consciência por que Paulo vai passar antes de Pedro, pois os efeitos deste mesmo sentimento, por exemplo, acrescentam-se e reforçam-se em todos os momentos da duração e a soma destes efeitos não se poderia experimentar imediatamente se não conhecêssemos a importância do sentimento, tomado no seu conjunto, em relação ao ato final que, precisamente, permanece na sombra. Mas se Pedro e Paulo experimentaram, na mesma ordem, os mesmos sentimentos, se as duas almas têm a mesma história, como as distinguíreis uma da outra? Será através do corpo em que habitam? Diferiríam então continuamente por algo, já que não representariam para si o mesmo corpo em nenhum momento da sua história. Será pelo lugar que ocupam na duração? Deixariam de assistir aos mesmos acontecimentos; ora, por hipótese, têm o mesmo passado e o mesmo presente, tendo a mesma experiência. – É necessário agora que tomeis a vossa decisão: Pedro e Paulo são uma só e mesma pessoa, que chamais Pedro quando age e Paulo quando recapitulais a sua história. À medida que compreendeis melhor a soma das condições que, uma vez conhecidas, teriam permitido predizer a ação futura de Pedro, veríeis de mais perto a existência desta personagem, teríeis mais facilidade em a reviver nos seus mínimos pormenores e chegaríeis assim ao preciso momento em que, realizando-se a ação, já não se trataria de a prever, mas simplesmente de agir. Também aqui toda a tentativa de reconstituição de um ato emanando da própria vontade vos leva à constatação pura e simples do facto realizado.

Eis, pois, uma questão vazia de sentido: o ato podia ou não ser previsto, uma vez dado todo o conjunto dos seus antecedentes? É que há duas maneiras de assimilar estes antecedentes: uma dinâmica, a outra estática. No primeiro caso, seremos levados por transições insensíveis a coincidir com a pessoa de que nos ocupamos, a passar pela mesma série de estados e a chegar assim ao exato momento em que o ato se realiza; então, já não se tratará de o prever. No segundo caso, pressupõe-se o ato final só porque se faz figurar, ao lado da indicação dos estados, a apreciação quantitativa da sua importância. Ainda aqui, uns são levados a constatar simplesmente que o ato ainda não se realizou no momento em que se vai realizar, os outros, que uma vez realizado, está definitivamente realizado. A questão da liberdade sai intacta desta discussão, tal como da precedente.

Aprofundando melhor esta dupla argumentação, encontraremos, na sua própria raiz, duas ilusões fundamentais da consciência reflexa. A primeira consiste em ver na intensidade uma propriedade matemática dos estados psicológicos, e não, como dizíamos no início deste ensaio, a qualidade especial, o cambiante próprio destes estados. A segunda consiste em substituir a realidade concreta, o progresso dinâmico que a consciência perceciona, pelo símbolo material deste progresso chegado ao seu termo, isto é, do facto realizado unido à soma dos seus antecedentes. Sem dúvida, uma vez consumado o ato final, posso atribuir a todos os antecedentes o seu próprio valor e representar, sob a forma de um conflito ou de uma composição de forças, o jogo combinado dos diversos elementos. Mas perguntar se, conhecidos os antecedentes e também o seu valor, podíamos prever o ato final é cair num círculo vicioso; é esquecer que se dá, com o valor dos antecedentes, a ação final que importa prever; é supor erradamente que a imagem simbólica mediante a qual representamos a operação acabada foi delineada por esta mesma operação no discurso do seu progresso, como num aparelho registador.

Por outro lado, ver-se-ia que estas duas ilusões implicam, por sua vez, uma terceira, e que a questão de saber se o ato podia ou não ser previsto vem dar sempre no mesmo: o tempo é espaço? Começastes por justapor, num espaço ideal, os estados de consciência que sucederam na alma de Pedro e percecionastes a vida desta personagem sob a forma de uma trajetória MOXY desenhada por um móvel M no espaço.

Apagai então, pelo pensamento, a parte OXY desta curva, e investigai se, conhecendo MO, podereis determinar antecipadamente a curva OX, que o móvel descreve a partir do ponto O. É, no fundo, a questão que levantastes ao fazer intervir um filósofo Paulo, predecessor de Pedro, e encarregado de representar na imaginação as condições em que Pedro agirá. Materializaríeis assim estas condições; faríeis do tempo futuro uma estrada já traçada na planície e que se pode contemplar do alto da montanha sem a ter percorrido, sem nunca ter que a percorrer. Mas não demorastes a perceber que o conhecimento da parte MO da curva seria insuficiente, a não ser que vos tivessem indicado a posição dos pontos desta linha, não só uns relativamente aos outros, mas ainda em relação aos pontos de toda a linha MOXY, o que equivaleria a fornecer antecipadamente os próprios elementos que importa determinar. Modificastes então a vossa hipótese; compreendestes que o tempo não exige ser visto, mas vivido; concluístes que, se o vosso conhecimento da linha MO não constituía um dado suficiente era porque o olháveis de fora, em vez de vos confundirdes com o ponto M, que descreve, não apenas MO, mas ainda a curva toda, e de adotar assim o seu movimento. Levastes deste modo Paulo a coincidir com Pedro e, naturalmente, foi a linha MOXY que Paulo traçou no espaço, já que, por hipótese, Pedro descreve esta linha. Mas já não provais que Paulo tenha previsto a acção de Pedro; apenas constatais que Pedro agiu como o fez, porque Paulo se tornou Pedro. É verdade que, a seguir, voltais, sem tomar a devida atenção, à vossa primeira hipótese, porque confundis continuamente a linha MOXY traçando-se com a linha MOXY traçada, isto é, o tempo com o espaço. Depois de terdes identificado Paulo com Pedro por necessidade da causa, levastes Paulo a retomar o seu antigo posto de observação, e ele apreende então a linha MOXY completa, o que não é de espantar porque acaba de a completar.

O que torna a confusão natural, e até inevitável, é que a ciência parece fornecer exemplos indiscutíveis de uma previsão do futuro. Não se determina, com antecedência, a conjunção dos astros, os eclipses do Sol e da Lua e a maioria dos fenómenos astronómicos? E a inteligência humana não abarca agora, neste preciso momento, uma porção tão grande quanto se quiser da duração ainda por vir? Reconhecemos isto facilmente, mas uma previsão deste género não tem a menor semelhança com a de um ato voluntário. Além disso, como vamos ver, as razões que fazem que a predição de um fenómeno astronómico seja possível são precisamente as mesmas que nos impedem de determinar, com antecedência, um facto que deriva de atividade livre. É que o futuro do universo material, ainda que contemporâneo do futuro de um ser consciente, não tem nenhuma analogia com ele.

Para salientar esta diferença capital, suponhamos por um instante que um génio maligno, mais poderoso ainda do que o de Descartes, ordenava a todos os movimentos do universo que duplicassem de velocidade. Nada mudaria nos fenómenos astronómicos ou, pelo menos, nas equações que nos permitem prevê-los, porque nestas equações o símbolo $t$ não indica uma duração, mas uma relação entre duas durações, um certo número de unidades de tempo ou, em última análise, um certo número de simultaneidades; estas simultaneidades, estas coincidências produzir-se-iam ainda em igual número; apenas teriam diminuído os intervalos que as separam; mas os intervalos não entram de forma alguma nestes cálculos. Ora, estes intervalos são precisamente a duração vivida, a que a consciência perceciona. Por isso, esta depressa nos advertiria de uma diminuição do dia se, entre o nascer e o pôr do sol, tivéssemos menos duração. Não mediria esta diminuição, sem dúvida, e talvez não a percepcionasse imediatamente como uma mudança de quantidade; mas constataria, sob uma ou outra forma, uma baixa no enriquecimento normal do ser, uma modificação no progresso que habitualmente realiza entre o nascer e o pôr do sol.

Ora, quando o astrónomo prediz um eclipse da Lua, por exemplo, não faz mais do que exercer à sua maneira o poder que atribuímos ao nosso génio maligno. Ordena ao tempo para ir dez, cem, mil vezes mais depressa, e tem direito de o fazer, porque assim só muda a natureza dos intervalos conscientes, não entrando estes intervalos, por hipótese, nos cálculos. É por isso que, numa duração psicológica de alguns segundos, poderá abarcar vários anos, vários séculos até, de tempo astronómico. Tal é a operação a que se entrega quando traça antecipadamente a trajetória de um corpo celeste ou quando a representa numa equação. Em boa verdade, limita-se a estabelecer uma série de relações de posição entre este corpo e outros corpos dados, uma série de simultaneidades e de coincidências, uma série de relações numéricas; quanto à duração propriamente dita, fica fora do cálculo e apenas seria percebida por uma consciência capaz, não só de assistir a estas simultaneidades sucessivas, mas de viver os seus intervalos. Concebe-se até que esta consciência possa viver uma vida bastante lenta, bastante preguiçosa, para abranger toda a trajetória do corpo celeste numa aperceção única, como nos acontece quando vemos desenhar-se, sob a forma de uma linha de fogo, as sucessivas posições de uma estrela cadente. Esta consciência encontrar-se-ia então realmente nas mesmas condições em que o astrónomo se coloca imaginariamente; veria no presente o que o astrónomo percecionaria no futuro. Em boa verdade, se este prevê um fenómeno futuro, é na condição de fazer dele, até certo ponto, um fenómeno presente ou, pelo menos, de reduzir enormemente o intervalo que dele nos separa. Em resumo, o tempo de que se fala em astronomia é um número, e a natureza das unidades deste número não pode especificar-se nos cálculos. Podem, pois, supor-se tão pequenos como se quiser, contanto que a mesma hipótese se estenda a toda a série das operações e que as relações sucessivas de posição no espaço sejam assim mantidas. Assistir-se-á então, em imaginação, ao fenómeno que se quer predizer; saber-se-á em que ponto exato do espaço e após quantas unidades de tempo este fenómeno se produz; bastará restituir depois a estas unidades a sua natureza psíquica para empurrar o acontecimento para o futuro, dizendo que se previu, quando na realidade se viu.

Mas estas unidades de tempo, que constituem a duração vivida, e de que o astrónomo pode dispor como lhe agradar, porque não oferecem um ponto de apoio à ciência, são precisamente o que interessa ao psicólogo, porque a psicologia tem a ver com estes intervalos, e não com as suas extremidades. É evidente que a consciência pura não se apercebe do tempo sob a forma de uma soma de unidades de duração; entregue a si própria, não tem nenhum meio, nenhuma razão até para medir o tempo; mas um sentimento que durasse duas vezes menos dias, por exemplo, não seria para ela o mesmo sentimento; faltaria a este estado de consciência uma multiplicidade de impressões que vieram enriquecê-lo e modificar-lhe a natureza. É verdade que, quando impomos a este sentimento um certo nome, quando o tratamos como uma coisa, julgamos poder diminuir a sua duração em metade, por exemplo, e também em metade a duração de todo o resto da nossa história; seria sempre a mesma existência, parece, numa escala reduzida. Mas não esqueçamos então que os estados de consciência são progressos, e não coisas; que se designamos cada um com uma só palavra é por comodidade da linguagem; e que vivem, e que, vivendo, mudam incessantemente; que, por consequência, não se lhes pode suprimir qualquer momento sem os empobrecer em alguma impressão e modificar assim a sua qualidade. Compreendo que nos apercebemos imediatamente, ou em muito pouco tempo, da órbita de um planeta, porque só as suas posições sucessivas, ou os resultados do seu movimento, é que importam, e não a duração dos intervalos iguais que os separam. Mas, quando se trata de um sentimento, não há resultados exatos, senão o ter sido sentido; e para apreciar adequadamente este resultado seria necessário ter passado por todas as fases do próprio sentimento e ocupado a mesma duração. Ainda que este sentimento se traduza finalmente por passos de natureza determinada, comparável à posição de um planeta no espaço, o conhecimento deste ato de nada me servirá para apreciar a influência do sentimento sobre o conjunto da história, e é esta influência que se trata de conhecer. Toda a previsão é, na verdade, uma visão, e esta visão opera-se quando se pode reduzir cada vez mais o intervalo de tempo futuro, mantendo as relações das suas partes entre si, como acontece nas predições astronómicas. Mas que é reduzir um intervalo de tempo senão esvaziar ou empobrecer os estados de consciência que nele se sucedem? E a própria possibilidade de ver, em ponto pequeno, um período astronómico não implica assim a impossibilidade de modificar da mesma maneira uma série psicológica, uma vez que só tomando esta série psicológica como base invariável é que se poderá variar arbitrariamente, quanto à unidade de duração, um período astronómico?

Assim, quando se pergunta se uma ação futura poderia prever-se, identifica-se inconscientemente o tempo, de que se trata nas ciências exatas e que se reduz a um número, com a duração real, cuja aparente quantidade é verdadeiramente uma qualidade, e que não se pode encurtar num instante sem modificar a natureza dos factos que a preenchem. E o que, sem dúvida, facilita esta identificação é o facto de, em inúmeros casos, termos o direito de trabalhar com a duração real e com o tempo astronómico. Assim, quando nos lembramos do passado, isto é, de uma série de factos realizados, abreviamo-lo sempre, sem contudo alterar a natureza do acontecimento que nos interessa. É que nós já o conhecemos; é que, chegado ao termo do *progresso* que constitui a sua própria existência, o facto psicológico torna-se uma *coisa*, que se pode representar de uma só vez. Encontramo-nos aqui na mesma posição em que se coloca o astrónomo, quando, numa única aperceção, abarca a órbita que um planeta levará vários anos a percorrer. É, com efeito, à lembrança de um facto de consciência passado, não ao conhecimento antecipado de um facto de consciência futuro, que se deve assimilar a previsão astronómica. Mas, quando se trata de determinar um futuro facto de consciência, por pouco profundo que seja, devem considerar-se os antecedentes, não no estado estático sob a forma de coisas, mas no estado dinâmico e como progressos, já que só a sua influência está em causa. Ora, a sua duração é exatamente esta influência. É por isso que não se trata de abreviar a duração futura para se representarem antecipadamente os seus fragmentos; só podemos viver esta duração, à medida que se desenrola. Em síntese, na região dos factos psicológicos profundos, não há diferença sensível entre prever, ver e agir.

Ao determinista restará apenas tomar uma única decisão. Renunciará a alegar a possibilidade de prever, desde agora, um certo ato ou estado de consciência, mas afirmará que todo o ato está determinado pelos seus antecedentes psíquicos, ou, por outras palavras, que os factos de consciência obedecem a leis como os fenómenos da natureza. Esta argumentação consiste, no fundo, em não entrar no pormenor dos factos psicológicos concretos, por temor instintivo de se encontrar perante fenómenos que desafiam toda a representação simbólica e, por consequência, toda a previsão. Deixa-se, então, na sombra a natureza própria destes fenómenos, mas afirma-se que, na sua qualidade de fenómenos, continuam submetidos à lei da causalidade. Ora, esta lei pretende que todo o fenómeno seja determinado pelas suas condições ou, por outras palavras, que as mesmas causas produzam os mesmos efeitos. Portanto, é necessário que, ou o ato esteja indissoluvelmente ligado aos seus antecedentes psíquicos, ou que o princípio de causalidade sofra uma incompreensível exceção.

Esta última forma de argumentação determinista difere menos do que se poderia pensar de todas as precedentemente examinadas. Dizer que as mesmas causas internas produzem os mesmos efeitos é supor que a mesma causa se pode apresentar repetidamente no teatro da consciência. Ora, a nossa conceção da duração tende a afirmar nada mais nada menos que a heterogeneidade radical dos factos psicológicos profundos e a impossibilidade de dois de entre eles se parecerem completamente, já que constituem dois momentos diferentes de uma história. Ao passo que o objeto exterior não traz a marca do tempo decorrido e assim o físico, apesar da diversidade dos momentos, pode encontrar-se perante condições elementares idênticas, a duração é coisa real para a consciência que dela conserva o vestígio, e não se pode aqui falar de condições idênticas, porque o mesmo momento não surge duas vezes. Em vão se alegará que, se não há dois estados profundos da alma que se pareçam, a análise destrinçaria no seio destes estados diferentes elementos estáveis, suscetíveis de se compararem entre si. Seria esquecer que os elementos psicológicos, mesmo os mais simples, têm personalidade e vida próprias, por pouco profundos que eles sejam; transformam-se continuamente, e até o sentimento, pelo facto de se repetir, é um sentimento novo. Nem temos sequer razão alguma para manter o seu antigo nome, exceto se corresponder à mesma causa exterior ou se se traduzir exteriormente por sinais análogos: cometer-se-ia, portanto, uma verdadeira petição de princípio ao deduzir da pretensa semelhança dos dois estados que a mesma causa produz o mesmo efeito. Em resumo, se a relação causal existe ainda no mundo dos factos internos, não pode assemelhar-se de nenhuma maneira ao que chamámos causalidade na natureza. Para o físico, a mesma causa produz sempre o mesmo efeito; para um psicólogo, que não se deixa desviar por analogias aparentes, uma causa interna profunda produz o seu efeito uma vez, e nunca mais o produzirá. E se, agora, se alegar que este efeito estava indissoluvelmente ligado a esta causa, semelhante afirmação significará uma de duas coisas: ou que, dados os antecedentes, se pôde prever a ação futura; ou que, uma vez realizada a ação, toda a outra ação aparece, nestas condições, como impossível. Ora, vimos que as duas afirmações eram igualmente vazias de sentido e implicavam ainda uma conceção viciada da duração.

Apesar de tudo, não parece inútil determo-nos nesta última forma da argumentação determinista, quando mais não seja para esclarecer, do nosso ponto de vista, o sentido das duas palavras determinação e causalidade. Em vão alegaremos que não se pode tratar, nem de prever uma ação futura, à maneira de um fenómeno astronómico, nem de afirmar, uma vez realizada a ação, que qualquer outra ação teria sido impossível nas condições dadas. Em vão acrescentaremos que, mesmo sob a forma «as mesmas causas produzem os mesmos efeitos», o princípio da determinação universal perde toda a espécie de significado no mundo interno dos factos de consciência. O determinista render-se-á talvez à nossa argumentação sobre cada um dos três pontos em particular, reconhecerá que, no mundo psicológico, não se pode atribuir à palavra determinação nenhum dos três sentidos, não conseguirá certamente descobrir mesmo um quarto e, apesar de tudo, não deixará de repetir que o ato está indissoluvelmente ligado aos seus antecedentes. Encontramo-nos, pois, aqui perante uma ilusão tão profunda, um preconceito tão tenaz, que não podemos ter razão sem os atacar no seu próprio princípio, que é o princípio da causalidade. Ao analisar o conceito de causa, demonstraremos o equívoco que encerra e, mesmo sem definir a liberdade, talvez ultrapassemos a ideia puramente negativa que até agora dela fizemos.

Percecionamos fenómenos físicos e estes fenómenos obedecem a leis. Isto significa: 1.º – Que os fenómenos *a*, *b*, *c* e *d*, anteriormente percecionados, são suscetíveis de se produzir de novo sob a mesma forma; 2.º – Que um certo fenómeno P, surgido na sequência das condições *a*, *b*, *c* e *d*, e apenas delas, não deixará de se reproduzir, se se derem as mesmas condições. Se o princípio de causalidade nada mais nos dissesse, como pretendem os empiristas, sem dificuldade se concederia a estes filósofos que o seu princípio vem da experiência. Mas nada mais provaria contra a nossa liberdade, porque se teria compreendido que determinados antecedentes dão lugar a um consequente determinado *em toda a parte onde* a experiência nos leva a constatar esta regularidade. A questão está precisamente em saber se ela se encontra no domínio da consciência; ora, todo o problema da liberdade reside aí. Concedamos-vos, por um instante, que o princípio de causalidade resume apenas as sucessões uniformes e incondicionais observadas no passado. Com que direito o aplicais então aos factos de consciência profundos, onde ainda não se descobriram sucessões regulares, porque não se conseguem prever? E como vos podeis basear neste princípio para estabelecer o determinismo dos factos internos, quando, na vossa opinião, o determinismo dos factos observados é o único fundamento deste mesmo princípio? Em boa verdade, quando os empiristas fazem valer o princípio de causalidade contra a liberdade humana, tomam a palavra causa numa nova acepção, que é aliás a do senso comum.

Constatar a sucessão regular de dois fenómenos é, com efeito, reconhecer que, dado o primeiro, nos apercebemos já do outro. Mas esta ligação totalmente subjetiva de duas representações não basta ao senso comum. Parece-lhe que, se a ideia do segundo fenómeno está já implicada na do primeiro, é necessário que o segundo também exista objectivamente, numa ou noutra forma, no interior do primeiro fenómeno. E o senso comum devia chegar a esta conclusão, porque a distinção precisa de uma ligação objetiva entre os fenómenos e de uma associação subjetiva entre as suas ideias, supõe já um grau bastante elevado de cultura filosófica. Passar-se-á, pois, insensivelmente do primeiro ao segundo e representar-se-á a relação causal como uma espécie de preformação do fenómeno futuro nas suas presentes condições. Ora, esta preformação pode entender-se em dois sentidos muitos diferentes, e é precisamente aqui que começa o equívoco.

De facto, as matemáticas fornecem-nos a imagem de uma preformação deste género. O mesmo movimento com que traçamos uma circunferência num plano gera todas as propriedades desta figura. Neste sentido, um número indefinido de teoremas preexiste no seio da definição, ainda que destinados a desdobrarem-se na duração para o matemático que os deduzirá. É verdade que estamos aqui no domino da quantidade pura e que, podendo as propriedades geométricas pôr-se em forma de igualdades, se concebe perfeitamente que uma primeira equação, exprimindo a propriedade fundamental da figura, se transforme numa quantidade indefinida de novas equações, todas virtualmente contidas naquela. Pelo contrário, os fenómenos físicos que se sucedem e são percecionados pelos sentidos distinguem-se pela qualidade não menos do que pela quantidade, de modo que há alguma dificuldade em declará-los, de início, equivalentes uns aos outros. Mas, precisamente porque os nossos sentidos os percecionam, nada impede de atribuir as suas diferenças qualitativas à impressão que sobre nós exercem e supor, por detrás da heterogeneidade das nossas sensações, um universo físico homogéneo. Em resumo, despojemos a matéria das qualidades concretas com que os nossos sentidos a revestem – a cor, o calor, a resistência e até o peso – e encontrar-nos-emos, por fim, perante a extensão homogénea, o espaço sem corpo. Não haverá outra opção a tomar exceto separar figuras no espaço, imprimir-lhes movimento segundo leis matematicamente formuladas e explicar as qualidades aparentes da matéria pela forma, pela posição e pelo movimento destas figuras geométricas. Ora, a posição é dada por um sistema de grandezas fixas e o movimento expressa-se por uma relação constante entre grandezas variáveis; mas a forma é uma imagem e, por mais ténue, por mais transparente, que se suponha, ainda constitui, enquanto a nossa imaginação dela tiver uma perceção visual, por assim dizer, uma qualidade concreta e, por conseguinte, irredutível da matéria. Será necessário, portanto, fazer tábua rasa desta imagem e substituí-la pela fórmula abstrata do movimento que gera a figura. Representai, pois, relações algébricas encavalitando-se umas nas outras, objetivando-se devido exatamente a esta posição e gerando, em virtude apenas da sua complexidade, a realidade concreta, visível e tangível – não fareis mais do que tirar as consequências do princípio da causalidade, entendido no sentido de uma preformação atual do futuro no seio presente. Não parece que os cientistas do nosso tempo tenham levado tão longe a abstração, exceto talvez Sir William Thomson. Este físico habilidoso e profundo imagina o espaço preenchido por um fluído homogéneo e incompressível, em que turbilhões se movem, gerando assim as propriedades da matéria: tais turbilhões são os elementos constitutivos dos corpos; o átomo torna-se assim um movimento e os fenómenos físicos reduzem-se a movimentos regulares que se executam no seio de um fluído incompressível. Ora, se se atender a que este fluído é de uma perfeita homogeneidade, que não existe entre as suas partes nenhum intervalo vazio que as separe, nem qualquer diferença que as permita distinguir, ver-se-á que todo o movimento em realização no interior deste fluído equivale, de facto, à imobilidade absoluta, já que antes, durante e após o movimento, nada muda, nada se alterou no conjunto. O movimento de que aqui se fala não é, pois, um movimento que se produz, mas um movimento que se pensa: é uma relação entre relações. Admite-se, sem talvez se cair bem na conta disso, que o movimento é um facto de consciência, que no espaço há apenas simultaneidades, e que nos é fornecido o meio para calcular as relações de simultaneidade para um momento qualquer da nossa duração. Em nenhum lugar o mecanicismo foi levado tão longe como neste sistema, já que a própria forma dos últimos elementos da matéria nele se reduz a um movimento. Mas já a física cartesiana se poderia interpretar num sentido análogo, pois, se a matéria se reduz, como quer Descartes, a uma extensão homogénea, os movimentos das partes desta extensão podem conceber-se pela lei abstrata que aí preside ou por uma equação algébrica entre grandezas variáveis, mas não pode representar-se sob a forma concreta de imagens. E provar-se-ia sem dificuldade que, quanto mais o progresso das explicações mecânicas permite desenvolver esta conceção da causalidade e, consequentemente, libertar o átomo do peso das suas propriedades sensíveis, tanto mais a existência concreta dos fenómenos da natureza tende a desvanecer-se deste modo em fumo algébrico.

Assim entendida, a relação de causalidade é uma relação necessária no sentido de que se aproximará indefinidamente da relação de identidade, como uma curva da sua assíntota. O princípio de identidade é a lei absoluta da nossa consciência; afirma que aquilo que é pensado se pensa no momento em que o pensamos; e o que faz a absoluta necessidade deste princípio é que ele não liga o futuro ao presente, mas apenas o presente ao presente; exprime a confiança inquebrantável que a consciência sente em si mesma enquanto, fiel à sua função, se limita a constatar o estado atual aparente da alma. Mas o princípio de causalidade, enquanto ligaria o futuro ao presente, nunca tomaria a forma de um princípio necessário, porque os momentos sucessivos do tempo real não são solidários uns dos outros, e nenhum esforço lógico conseguirá provar que aquilo que foi, será ou continuará a ser, que os mesmos antecedentes suscitarão sempre consequentes idênticos. Descartes tinha compreendido isto tão bem que atribuía a uma graça incessantemente renovada da Providência a regularidade do mundo físico e a continuação dos mesmos efeitos; construiu, de alguma maneira, uma física instantânea, aplicável a um universo cuja duração ficaria toda contida no momento presente. Por seu lado, Espinosa pretendia que a série de fenómenos, que toma para nós a forma de uma sucessão no tempo, fosse equivalente, no absoluto, à unidade divina: supunha assim, por um lado, que a relação de causalidade aparente entre os fenómenos se reduzia a uma relação de identidade no absoluto e, por outro, que a duração indefinida das coisas se mantinha toda num momento único, que é a eternidade. Em suma, se aprofundarmos a física cartesiana, a metafísica espinosista ou as teorias científicas do nosso tempo, em toda a parte se encontrará a mesma preocupação de estabelecer uma relação de necessidade lógica entre a causa o efeito, e ver-se-á que esta preocupação se traduz por uma tendência para transformar em relações de inerência as relações de sucessão, para anular a ação da duração e para substituir a causalidade aparente por uma identidade fundamental.

Ora, se o desenvolvimento da noção de causalidade, entendida no sentido de ligação necessária, leva à conceção espinosista ou cartesiana da natureza, inversamente, toda a relação de determinação necessária estabelecida entre fenómenos sucessivos deve provir de se aperceber, sob uma forma confusa, por detrás destes fenómenos heterogéneos, um mecanismo matemático. Não pretendemos que o senso comum tenha a intuição das teorias cinéticas da natureza, menos ainda talvez de um mecanicismo à Espinosa; mas ver-se-á que, quanto mais o efeito parece estar necessariamente ligado à causa, mais se tende a incluí-lo na própria causa como a consequência matemática no princípio, e a suprimir assim a ação da duração. Se hoje, sob a influência das mesmas condições exteriores, não procedo como o fazia ontem, isto nada tem de extraordinário, porque mudo, porque duro. Mas as coisas, consideradas fora da nossa perceção, não nos parecem durar; e quanto mais aprofundarmos esta ideia mais nos parece absurdo supor que a mesma causa não produza hoje o mesmo efeito que produzia ontem. Sentimos bem, é verdade, que, se as coisas não duram como nós, pelo menos deve haver nelas alguma razão incompreensível que faça que os fenómenos pareçam suceder-se, e não ocorrer todos ao mesmo tempo. E é por isso que a noção de causalidade, mesmo que se vá aproximando indefinidamente da de identidade, nunca nos parecerá coincidir com ela, a não ser que não nos apercebamos claramente da ideia de um mecanicismo matemático, ou que uma metafísica subtil venha levantar, sobre este ponto, escrúpulos muito legítimos. Também não é menos evidente que a nossa crença na determinação necessária dos fenómenos uns pelos outros se consolida à medida que consideramos a duração como uma forma mais subjetiva da nossa consciência. Por outras palavras, quanto mais tendermos a elevar a relação causal a relação de determinação necessária, mais afirmamos assim que as coisas não duram como nós. O que equivale a dizer que quanto mais se fortalece o princípio da causalidade, tanto mais se acentua a diferença que separa uma série psicológica de uma série física. Daí resulta, finalmente, por mais paradoxal que esta opinião possa parecer, que a suposição de uma relação de inerência matemática entre os fenómenos exteriores deveria implicar, como consequência natural ou pelo menos plausível, a crença na liberdade humana. Mas esta última consequência não nos preocupará, para já; apenas procuramos determinar aqui o primeiro sentido da palavra causalidade, e julgamos ter demonstrado que a preformação do futuro no presente se concebe sem dificuldade sob forma matemática, devido a uma certa conceção da duração, que é, sem que pareça, bastante familiar ao senso comum.

Mas há uma preformação de outro género, mais familiar ainda ao nosso espírito, porque a consciência imediata nos fornece a sua imagem. Com efeito, passamos por estados de consciência sucessivos e, ainda que o seguinte não esteja contido no precedente, representamos mais ou menos confusamente a sua ideia. A realização desta ideia não aparecia, aliás, como certa, mas simplesmente como possível. Apesar de tudo, entre a ideia e a ação vieram colocar-se intermediários a custo detetáveis, cujo conjunto toma para nós esta forma *sui generis* que tem o nome de sensação do esforço. E da ideia ao esforço, do esforço ao ato, o progresso foi tão contínuo que não podemos dizer onde a ideia e o esforço terminam e onde o ato começa. Concebe-se, pois, que em certo sentido ainda se possa dizer aqui que o futuro estava preformado no presente; mas importará acrescentar que esta preformação é muito imperfeita, porque a ação futura de que temos a ideia presente é concebida como realizável, mas não como realizada e que, mesmo quando se esboça o esforço necessário para a realizar, sabe-se perfeitamente que ainda é tempo de se deter. Portanto, se nos decidimos a conceber sob esta segunda forma a relação causal, pode afirmar-se *a priori* que não haverá já entre a causa e o efeito uma relação de determinação necessária, porque o efeito já não será dado na causa. Residirá nele apenas em estado de puro possível, como uma representação confusa, que talvez não seja seguida da ação correspondente. Mas não nos espantaremos que esta aproximação seja suficiente para o senso comum, se se pensar na facilidade com que as crianças e os povos primitivos aceitam a ideia de uma natureza inconstante, onde o capricho desempenha um papel não menos importante do que a necessidade. E esta representação da causalidade será mais acessível à inteligência comum, já que não exige nenhum esforço de abstracção e apenas implica uma certa analogia entre o mundo exterior e o interno, entre a sucessão dos fenómenos objetivos e a dos factos de consciência.

Em boa verdade, esta segunda conceção da relação da causa com o efeito é mais natural do que a primeira, na medida em que responde imediatamente à necessidade de uma representação. Com efeito, não dissemos que, se procuramos o fenómeno B no interior do fenómeno A que o precede regularmente, é porque o hábito de associar as duas imagens acaba por nos dar a ideia do segundo fenómeno como envolvida na do primeiro? É natural que levemos esta objetivação até ao fim e façamos do fenómeno A um estado psíquico em que o fenómeno B estaria contido sob a forma de representação confusa. Limitamo-nos assim a supor que a ligação objetiva dos dois fenómenos é semelhante à associação subjetiva, que a sua ideia nos sugeriu. As qualidades das coisas tornar-se-ão assim verdadeiros estados, bastante parecidos com os do nosso eu; atribuir-se-á ao universo material uma personalidade vaga, difusa através do espaço, a qual, sem ser precisamente dotada de uma vontade consciente, passa de um estado a outro devido a um impulso interno, em virtude de um esforço. Tal foi o antigo hilozoísmo, hipótese tímida e até contraditória, que mantinha na matéria a sua extensão, atribuindo-lhe verdadeiros estados de consciência, e desdobrava as qualidades da matéria ao longo da extensão, ao mesmo tempo que tratava estas qualidades como estados internos, isto é, simples. Estava reservado a Leibniz fazer cair esta contradição e mostrar que, se se entender a sucessão das qualidades ou fenómenos externos como a sucessão das nossas próprias ideias, há que fazer destas qualidades estados simples ou perceções, e da matéria que os suporta uma mónada inextensa, análoga à nossa alma. A partir de então, os estados sucessivos da matéria já não poderão percecionar-se de fora como também o não são os nossos próprios estados psicológicos; será necessário introduzir a hipótese da harmonia preestabelecida para explicar como todos estes estados internos são representativos uns dos outros. Assim, com a nossa segunda conceção da relação de causalidade, desembocamos em Leibniz, como com a primeira em Espinosa. E, num e noutro caso, não fazemos mais do que levar ao extremo ou formular com mais precisão duas ideias tímidas e confusas do senso comum.

Ora, é evidente que a relação de causalidade, entendida desta segunda maneira, não implica a determinação do efeito pela causa. A própria história prova isso. Vemos que o antigo hilozoísmo, primeiro desenvolvimento desta conceção da causalidade, explicava a sucessão regular das causas e dos efeitos por um verdadeiro *deus ex machina*: era, ora uma necessidade exterior às coisas e planando sobre elas, ora uma Razão interna, guiando-se por regras muito semelhantes às que dirigem a nossa conduta. As perceções da mónada de Leibniz já não se necessitam umas às outras; é preciso que Deus lhe tenha antecipadamente regulado a ordem. O determinismo de Leibniz não deriva, com efeito, da sua conceção da mónada, mas de apenas ter construído o universo com mónadas. Tendo negado toda a influência mecânica das substâncias umas relativamente às outras, devia no entanto explicar como é que os seus estados se correspondem. Daí um determinismo que tem a sua origem na necessidade de admitir uma harmonia preestabelecida, e não na conceção dinâmica da relação de causalidade. Mas deixemos de lado a história. A consciência testemunha que a ideia abstrata de força é a do esforço indeterminado, a de um esforço que ainda não chegou ao ato e onde este ato ainda não existe, a não ser no estado de ideia. Por outras palavras, a conceção dinâmica da relação de causalidade atribui às coisas uma duração completamente análoga à nossa, seja qual for a natureza que esta duração possa ser: representar assim a relação de causa a efeito é supor que o futuro não é mais solidário do presente no mundo exterior do que o é para a nossa própria consciência.

Depreende-se desta dupla análise que o princípio da causalidade encerra duas conceções contraditórias da duração, duas imagens não menos incompatíveis da preformação do futuro no presente. Ora se representam todos os fenómenos, físicos ou psicológicos, como se durassem da mesma maneira, como se durassem, por conseguinte, à nossa maneira; o futuro só existirá então no presente na forma de ideia, e a passagem do presente ao futuro adquirirá o aspeto de um esforço, que nem sempre chega à realização da ideia concebida. Ora, pelo contrário, se faz da duração a forma própria dos estados de consciência; as coisas já não duram então como nós, e admite-se para as coisas uma preexistência matemática do futuro no presente. Aliás, cada uma destas hipóteses, tomada à parte, salvaguarda a liberdade humana, pois, a primeira chegaria a introduzir a contingência até nos fenómenos da natureza e a segunda, ao atribuir a determinação necessária dos fenómenos físicos ao facto de as coisas não durarem como nós, convida-nos precisamente a fazer do eu, que dura, uma força livre. É por isso que toda a conceção clara da causalidade, e onde nos conciliamos connosco mesmos, leva à ideia da liberdade humana como a uma consequência natural. Infelizmente, contraiu-se o hábito de tomar o princípio de causalidade nos dois sentidos aos mesmo tempo, porque um adula mais a nossa imaginação e o outro favorece o raciocínio matemático. Ora se pensa sobretudo na *sucessão* regular dos fenómenos físicos e nesta espécie de esforço interno pelo qual um *se transforma* no outro, ora se fixa o espírito na regularidade absoluta destes fenómenos, e da ideia de regularidade passa-se, por degraus insensíveis, à da necessidade matemática, que exclui a duração entendida da primeira maneira. E não se vê inconveniente em temperar estas duas imagens uma com a outra, e em tornar predominante uma ou outra, consoante nos preocupemos mais ou menos com os interesses da ciência. Mas aplicar o princípio da causalidade, sob esta forma equívoca, à sucessão dos factos de consciência é criar deliberadamente, e sem razão plausível, inextricáveis dificuldades. A ideia de força, que na realidade exclui a de determinação necessária, contraiu, por assim dizer, o hábito de se amalgamar com a de necessidade, em virtude do uso que se faz do princípio de causalidade na natureza. Por um lado, não conhecemos a força a não ser pelo testemunho da consciência, e a consciência não afirma, não compreende sequer, a determinação absoluta dos atos futuros; eis, pois, tudo o que a experiência nos ensina, e se nos ativéssemos à experiência, diríamos que nos sentimos livres, que nos apercebemos da força, com ou sem razão, como de uma livre espontaneidade. Mas, por outro lado, a ideia de força, transposta para a natureza, tendo caminhado lado a lado com a ideia de necessidade, regressa corrompida desta viagem. Regressa impregnada da ideia de necessidade; e à luz do papel que lhe fizemos desempenhar no mundo exterior, apercebemo-nos da força como determinando, de uma maneira necessária, os efeitos que dela vão derivar. Ainda aqui, a ilusão da consciência deve-se a que ela considera o eu, não diretamente, mas por uma espécie de refração através das formas que emprestou à perceção exterior, e que esta não lhe restitui sem, de alguma maneira, se ter nelas desbotado. Operou-se como que um compromisso entre a ideia de força e a de determinação necessária. A determinação totalmente mecânica de dois fenómenos exteriores entre si reveste agora, aos nossos olhos, a mesma forma que a relação dinâmica da nossa força com o ato que dela emana; mas, em contrapartida, esta última relação adquire o aspeto de uma derivação matemática, surgindo a ação humana mecanicamente, e por conseguinte necessariamente, da força que a produz. Sem dúvida, a fusão de duas ideias diferentes, quase opostas, apresenta vantagens ao senso comum, já que nos permite representar da mesma maneira e designar com uma única palavra, por um lado, a relação que existe entre estes dois momentos da nossa existência e, por outro, a relação que liga entre si os momentos sucessivos do mundo exterior. Vimos que, embora os nossos estados de consciência mais profundos excluam a multiplicidade numérica, os decompomos, no entanto, em partes exteriores umas às outras; que se os elementos da duração concreta se penetram, a duração, ao expressar-se em extensão, apresenta momentos tão distintos como os corpos disseminados no espaço. Será de espantar que entre os momentos da nossa existência, por assim dizer objetivada, estabeleçamos uma relação análoga à relação objetiva de causalidade e que uma troca, comparável ainda a um fenómeno de endosmose, tenha lugar entre a ideia dinâmica do esforço livre e o conceito matemático de determinação necessária?

Mas a dissociação destas duas ideias é um facto consumado nas ciências da natureza. O físico poderá falar de *forças*, e até representar o modo de ação por analogia com um esforço interno, mas nunca fará intervir esta hipótese numa explicação científica. Os que, como Faraday, substituem os átomos extensos por pontos dinâmicos, tratarão os centros de força e as linhas de força matematicamente, sem se preocupar com a própria força, encarada como atividade ou esforço. Torna-se aqui claro que a relação de causalidade externa é puramente matemática e não tem qualquer semelhança com a relação da força psíquica com o ato que dela emana.

Chegou a altura de acrescentar que a relação de causalidade interna é puramente dinâmica e não têm nenhuma analogia com a relação de dois fenómenos exteriores que se condicionam. É que estes, sendo suscetíveis de se reproduzir no espaço homogéneo, entrarão na composição de uma lei, ao passo que os factos psíquicos profundos se apresentam à consciência uma vez e nunca mais voltarão. Uma análise atenta do fenómeno psicológico levou-nos, primeiramente, a esta conclusão: o estudo das noções de causalidade e de duração, consideradas em si mesmas, não fez mais do que confirmá-la.

Podemos agora formular a nossa conceção da liberdade.

Chama-se liberdade à relação do eu concreto com o ato que realiza. Esta relação é indefinível, precisamente porque somos livres. Com efeito, analisa-se uma coisa, mas não um progresso; decompõe-se a extensão, mas não a duração. Ou antes, caso teimemos, apesar de tudo, na análise, transformamos inconscientemente o progresso em coisa e a duração em extensão. Só pelo facto de pretendermos decompor o tempo concreto, desdobramos os momentos no espaço homogéneo; em vez do facto em via de realização pomos o facto realizado e, como se começou por de alguma maneira congelar a atividade do eu, vê-se a espontaneidade a dissolver-se em inércia e a liberdade em necessidade. – É por isso que toda a definição da liberdade dará razão ao determinismo.

Com efeito, definir-se-á o ato livre dizendo que este ato, uma vez realizado, poderia não o ter sido? Mas tal asserção – como a asserção contrária – implica a ideia de uma equivalência absoluta entre a duração concreta e o seu símbolo espacial, e desde que se admita esta equivalência, desemboca-se, pelo próprio desenvolvimento da fórmula que acabámos de enunciar, no mais inflexível determinismo.

Definir-se-á o ato livre «como aquele que não se pode prever, mesmo quando se conhecem antecipadamente todas as suas condições»? Mas conceber todas as condições como dadas é, na duração concreta, colocar-se no próprio momento em que o ato se realiza. Ou então admite-se que a matéria da duração psíquica se pode representar antecipadamente de um modo simbólico, o que significa, como dissemos, tratar o tempo como um meio homogéneo e admitir, sob uma nova forma, a equivalência absoluta da duração e do seu símbolo. Ao aprofundar-se esta segunda definição de liberdade, desembocar-se-á, pois, ainda no determinismo.

Definir-se-á, finalmente, o ato livre dizendo que não está necessariamente determinado pela sua causa? Mas, ou estas palavras perdem toda a espécie de significação, ou entende-se por elas que as mesmas causas internas não provocarão sempre os mesmos efeitos. Admite-se, portanto, que os antecedentes psíquicos de um ato livre são suscetíveis de se reproduzir novamente, que a liberdade se desenvolve numa duração cujos momentos se assemelham e que o tempo é um meio homogéneo, tal como o espaço. Por isso mesmo, seremos levados à ideia de uma equivalência entre a duração e o seu símbolo espacial; e levando até às últimas consequências a definição que se terá proposto da liberdade, mais uma vez dela se fará brotar o determinismo.

Em síntese: toda a exigência de esclarecimento, no que se refere à liberdade, equivale, sem se dar por isso, à seguinte questão: «poderá o tempo representar-se adequadamente pelo espaço»? – Ao que respondemos: sim, se se trata do tempo decorrido, não, se falais do tempo que está a decorrer. Ora, o ato livre produz-se no tempo que decorre, e não no tempo decorrido. A liberdade é, pois, um facto e, entre os factos que se constatam, não há outro mais claro. Todas as dificuldades do problema, e o próprio problema, derivam de se querer encontrar na duração os mesmos atributos que na extensão, de se interpretar uma sucessão mediante uma simultaneidade e de se traduzir a ideia de liberdade para uma linguagem em que ela é evidentemente intraduzível.

# Conclusão

Para resumir o que precede, deixaremos de lado, antes de mais, a terminologia e a própria doutrina de Kant, às quais voltaremos mais adiante, e colocar-nos-emos na perspetiva do senso comum. Diremos que a psicologia atual nos pareceu sobretudo preocupada em estabelecer que percecionamos as coisas através de certas formas, derivadas da nossa própria constituição. Esta tendência acentuou-se cada vez mais depois de Kant: enquanto o filósofo alemão separava nitidamente o tempo do espaço, o extensivo do intensivo e, como hoje diríamos, a consciência da perceção exterior, a escola empirista, levando mais longe a análise, tenta reconstituir o inextensivo com o intensivo, o espaço com a duração, e a exterioridade com os estados internos. – Por outro lado, a física vem completar a obra da psicologia sobre este ponto: mostra que, se quisermos prever os fenómenos, teremos de fazer tábua rasa da impressão que produzem na consciência e tratar as sensações como signos da realidade, não como a própria realidade.

Pareceu-nos que houve oportunidade de pôr o problema inverso e de nos interrogarmos se os estados mais aparentes do próprio eu, que julgamos captar diretamente, não seriam, na maioria das vezes, percecionados através de certas formas tiradas do mundo exterior, o qual nos restituiria assim o que lhe tínhamos emprestado. *A priori*, parece bastante provável que as coisas assim se passem, Pois, ao supor que as formas de que falamos, e às quais adaptamos a matéria, vêm totalmente do espírito, parece difícil fazer delas uma aplicação constante aos objetos sem estes nelas se descolorirem. Utilizando então as formas para o conhecimento da nossa própria pessoa, corremos o risco de tomar pela própria coloração do eu um reflexo do quadro em que o colocamos, isto é, ao fim e ao cabo, do mundo exterior. Mas pode ir-se mais longe e afirmar que formas aplicáveis às coisas não podem ser integralmente obra nossa; que devem resultar de um compromisso entre a matéria e o espírito; que, se dermos muito a esta matéria, dela receberemos sem dúvida alguma coisa; e que, deste modo, ao tentarmos recuperar-nos após uma excursão pelo mundo exterior, já não temos as mãos livres.

Ora, tal como para determinar as relações verdadeiras dos fenómenos físicos entre si abstraímos do que, na nossa maneira de percecionar e de pensar, lhes repugna manifestamente, também, para contemplar o eu na sua pureza original, a psicologia deveria eliminar ou corrigir certas formas que levam a marca visível do mundo exterior. – Quais são estas formas? Isolados uns dos outros, e considerados como outras tantas unidades distintas, os estados psicológicos parecem mais ou menos intensos. Considerados depois na sua multiplicidade, desenrolam-se no tempo, constituem a duração. Finalmente, nas suas relações entre si, e enquanto se mantém uma certa unidade através da sua multiplicidade, parecem determinar-se uns aos outros. – Intensidade, duração e determinação voluntária, eis três ideias que importava purificar, desembaraçando-

-as de tudo o que devem à intrusão do mundo sensível e, em suma, à obsessão da ideia de espaço.

Ao considerar, antes de mais, a primeira destas ideias, verificámos que os factos psíquicos eram em si mesmos qualidade pura e que, por outro lado, a sua causa situada no espaço era quantidade. Enquanto esta qualidade se torna sinal desta quantidade e suspeitamos que esta se encontra por detrás daquela, chamamos-lhe intensidade. A intensidade de um estado simples não é, pois, a quantidade, mas o seu sinal qualitativo. Encontrareis a sua origem num compromisso entre a qualidade pura, que é o facto da consciência, e a pura quantidade, que é necessariamente espaço. Ora, renunciais sem o menor escrúpulo a este compromisso quando estudais as coisas exteriores, porque então deixais de lado as próprias forças, supondo que elas existem, para apenas considerardes os seus efeitos mensuráveis e extensos. Por que conservaríeis este conceito bastardo, ao analisar por sua vez o facto de consciência? Se a grandeza, fora de vós, nunca é intensiva, a intensidade, dentro de vós, nunca é grandeza. Foi por não terem compreendido isto que os filósofos tiveram de distinguir duas espécies de quantidade, uma extensiva, a outra intensiva, sem nunca conseguirem explicar o que elas tinham em comum, nem como se podiam empregar, para coisas tão dissemelhantes, as próprias palavras «crescer» e «diminuir». Por isso mesmo, são responsáveis pelos exageros da psicofísica, pois, a partir do momento em que se concede à sensação, sem ser por metáfora, a faculdade de aumentar, convidam-nos a investigar quanto aumenta. E do facto de a consciência não medir a quantidade intensiva não se segue que a ciência não possa, indiretamente, lá chegar, se é uma grandeza. Ou há, pois, uma fórmula psicofísica possível, ou a intensidade de um estado psíquico simples é qualidade pura.

Passando a seguir para o conceito de multiplicidade, vimos que a construção de um número exigia, antes de mais, a intuição de um meio homogéneo, o espaço, onde se pudessem alinhar termos entre si distintos e, em segundo lugar, um processo de penetração e de organização pelo qual estas unidades se juntam dinamicamente e formam o que chamámos uma multiplicidade qualitativa. É graças a este desenvolvimento orgânico que as unidades *se juntam*, mas é por causa da sua presença no espaço que permanecem *distintas*. O número, ou multiplicidade distinta, resulta também, pois, de um compromisso. Ora, ao considerarmos os objetos materiais em si mesmos, renunciamos a este compromisso, uma vez que os consideramos impenetráveis e divisíveis, isto é, como indefinidamente distintos uns dos outros. Tornar-se-á, pois, também necessário renunciar a isto quando nos estudarmos a nós próprios. Foi por o não terem feito que os associacionistas caíram em erros, por vezes, grosseiros, ao tentarem reconstituir um estado psíquico pela adição entre si de factos de consciência distintos e ao porem o símbolo do eu no lugar do próprio eu.

Estas considerações preliminares permitiram-nos abordar o objeto principal do nosso trabalho, a análise das ideias de duração e de determinação voluntária.

Que é a duração dentro de nós? Uma multiplicidade qualitativa, sem semelhança com o número; um desenvolvimento orgânico que, no entanto, não é uma quantidade crescente; uma heterogeneidade pura no seio da qual não há qualidades distintas. Em síntese, os momentos da duração interna não são exteriores uns aos outros.

Que existe, da duração, fora de nós? Apenas o presente ou, se preferirmos, a simultaneidade. Sem dúvida, as coisas exteriores mudam, mas os seus momentos só se sucedem para uma consciência que os recorda. Observamos, fora de nós, num dado momento, um conjunto de posições simultâneas: das simultaneidades anteriores não fica nada. Situar a duração no espaço é, por uma verdadeira contradição, colocar a sucessão no próprio seio da simultaneidade. Não é, pois, necessário dizer que as coisas exteriores duram, mas antes que há nelas alguma razão inexprimível em virtude da qual não podemos considerá-las em momentos sucessivos da nossa duração sem constatar que elas mudaram. Aliás, tal mudança não implica sucessão, a não ser que se tome a palavra numa nova aceção; neste ponto constatámos o acordo entre a ciência e o senso comum.

Assim, na consciência, encontramos estados que se sucedem sem se distinguir e, no espaço, simultaneidades que, sem se suceder, se distinguem, no sentido de que uma já não existe quando a outra aparece. – Fora de nós, exterioridade recíproca sem sucessão, dentro de nós, sucessão sem exterioridade recíproca.

Também aqui intervém um compromisso. Estas simultaneidades que constituem o mundo exterior e que, ainda que distintas umas das outras, se sucedem apenas para nós, estamos de acordo em que se sucedem em si mesmas. Daí a ideia de fazer durar as coisas como nós duramos, e de situar o tempo no espaço. Mas, se a nossa consciência introduz assim a sucessão nas coisas exteriores, inversamente estas coisas exteriorizam uns em relação aos outros os momentos sucessivos da nossa duração interna. As simultaneidades de fenómenos físicos absolutamente distintos, no sentido de que uma deixou de ser quando a outra se produz, dividem em parcelas, também distintas, exteriores umas às outras, uma vida interna em que a sucessão implicaria penetração mútua; assim, o pêndulo do relógio divide em fragmentos distintos e desdobra, por assim dizer, em comprimento a tensão dinâmica e indivisa da corda. Deste modo se forma, por um verdadeiro fenómeno de endosmose, a ideia mista de um tempo mensurável, que é espaço enquanto homogeneidade e duração enquanto sucessão, isto é, no fundo, a ideia contraditória da sucessão na simultaneidade.

Estes dois elementos, extensão e duração, são dissociados pela ciência quando esta empreende o estudo aprofundado das coisas exteriores. Julgamos ter demonstrado que ela só retém da duração a simultaneidade e do movimento a posição do móvel, isto é, a imobilidade. A dissociação efetua-se aqui nitidamente, e em proveito do espaço.

Será preciso, pois, efetuá-la, mas em proveito da duração, quando se estudarem os fenómenos internos; não os fenómenos internos no estado completo, sem dúvida, nem depois de a inteligência discursiva, para os explicar, os ter separado e desdobrado num meio homogéneo, mas os fenómenos internos em vias de formação e enquanto constituam, pela sua penetração mútua, o desenvolvimento contínuo de uma pessoa livre. A duração, reconduzida assim à sua pureza original, aparecerá como uma multiplicidade totalmente qualitativa, uma heterogeneidade absoluta de elementos que vêm fundir-se uns nos outros.

Ora, foi por terem negligenciado efetuar esta dissociação necessária que uns foram levados a negar a liberdade e os outros a defini-la, e, por isso mesmo, involuntariamente ainda a negá-la. Com efeito, pergunta-se se o ato podia ou não ser previsto, dado o conjunto das suas condições, e quer se afirme, quer se negue, admite-se que este conjunto de condições se podia conceber como dado antecipadamente, o que equivale, como demonstrámos, a tratar a duração como uma coisa homogénea e as intensidades como grandezas. Ou dir-se-á ainda que o ato é *determinado* pelas suas condições, sem se perceber que se lida com o duplo sentido da palavra causalidade e que se empresta assim à duração, simultaneamente, duas formas que se excluem. Ou, finalmente, invocar-ser-á o princípio da conservação da energia, sem perguntar se este princípio é igualmente aplicável aos momentos do mundo exterior, que se equivalem, e aos momentos de um ser ao mesmo tempo vivo e consciente, que mutuamente se engrandecem. De qualquer maneira, numa palavra, se se considera a liberdade, só a negamos na condição de identificarmos o tempo com o espaço; só a definimos, se exigirmos ao espaço a representação adequada do tempo; não se discute a seu respeito, num sentido ou noutro, a não ser confundindo, previamente, sucessão e simultaneidade. Todo o determinismo será, pois, refutado pela experiência, mas toda a definição da liberdade dará razão ao determinismo.

Ao investigar então porque é que esta dissociação da duração e da extensão, que a ciência opera tão naturalmente no mundo exterior, exige um tal esforço e suscita tal repugnância quando se trata de estados internos, não tardaríamos a aperceber-nos da razão. A ciência tem como principal objetivo prever e medir; ora, só se preveem fenómenos físicos supondo que não duram como nós, e só se mede o espaço. A rutura efetuou-se aqui, portanto, por si mesma, entre a qualidade e a quantidade, entre a verdadeira duração e a pura extensão. Mas, quando se trata dos nossos estados de consciência, temos todo o interesse em manter a ilusão pela qual os levamos a participar na exterioridade recíproca das coisas externas, porque tal distinção, e simultaneamente solidificação, nos permitem dar-lhes nomes estáveis, apesar da sua instabilidade, e distintos, apesar da sua mútua penetração. Permitem-nos objetivá-los, introduzi-los de alguma maneira na corrente da vida social.

Haveria, pois, dois eus diferentes, sendo um como que a projeção exterior do outro, a sua representação espacial e, por assim dizer, social. Atingimos o primeiro por uma reflexão aprofundada, que nos leva a captar os nossos estados internos como seres vivos, incessantemente em via de formação, como estados refratários à medida, que se penetram reciprocamente e cuja sucessão na duração nada tem de comum com uma justaposição no espaço homogéneo. Mas os momentos em que voltamos a ser donos de nós próprios são raros, e é por isso que raramente somos livres. Na maior parte do tempo, vivemos exteriormente a nós mesmos, não percecionamos do nosso eu senão o seu fantasma descolorido, sombra que a pura duração projeta no espaço homogéneo. A nossa existência desenrola-

-se, portanto, mais no espaço do que no tempo: vivemos mais para o mundo exterior do que para nós; falamos mais do que pensamos; «somos agidos» mais do que agimos. Agir livremente é retomar a posse de si, é situar-se na pura duração.

O erro de Kant foi tomar o tempo por um meio homogéneo. Parece não ter notado que a duração real se compõe de momentos interiores relativamente uns aos outros e que se adquire a forma de um todo homogéneo é porque se exprime no espaço. Assim, a própria distinção que ele estabelece entre o espaço e o tempo equivale, no fundo, a confundir o tempo com o espaço, e a representação simbólica do eu com o próprio eu. Considerou a consciência incapaz de se aperceber dos factos psicológicos a não ser por justaposição, esquecendo que um meio em que estes factos se justapõem e se distinguem uns dos outros é necessariamente espaço, e não já duração. Foi assim levado a pensar que os mesmos estados são suscetíveis de se reproduzir nas profundidades da consciência, como os mesmos fenómenos físicos no espaço; foi, pelo menos, o que admitiu implicitamente quando atribuiu à relação de causalidade o mesmo sentido e o mesmo papel tanto no mundo interno como no externo. A partir daí, a liberdade tornou-se um facto incompreensível. E, apesar de tudo, por uma confiança ilimitada, mas inconsciente, nesta perceção interna, cujo alcance procurou restringir, ele acreditava inabalavelmente na liberdade. Elevou-a, pois, à altura dos númenos; e como confundira a duração com o espaço, fez deste eu real e livre, que de facto é estranho ao espaço, um eu igualmente exterior à duração, inacessível, por consequência, à nossa faculdade de conhecer. Mas a verdade é que nos apercebemos deste eu sempre que, por um vigoroso esforço de reflexão, desviamos os olhos da sombra que nos segue para entrarmos em nós mesmos. A verdade é que, se vivemos e agimos quase sempre exteriormente à nossa própria pessoa, mais no espaço do que na duração, e se proporcionamos assim influência à lei da causalidade que encadeia os mesmos efeitos com as mesmas causas, podemos contudo voltar a situar-nos sempre na pura duração, cujos momentos são interiores e heterogéneos uns aos outros e onde uma causa não pode reproduzir o seu efeito, porque nunca se reproduzirá a si própria.

É nesta confusão da verdadeira duração com o seu símbolo que residem, na nossa opinião, tanto a força como a fraqueza do kantismo. Kant, por um lado, imagina coisas em si, e por outro, um Tempo e um Espaço homogéneos através dos quais as coisas em si se refratam; assim nasceriam, por um lado, o eu fenómeno, o que a consciência perceciona, e por outro, os objetos exteriores. O tempo e o espaço não estariam nem em nós, nem fora de nós; mas a própria distinção do dentro e do fora seria obra do tempo e do espaço. Esta doutrina tem a vantagem de fornecer ao nosso pensamento empírico um fundamento sólido e de nos assegurar que os fenómenos, enquanto fenómenos, são adequadamente cognoscíveis. Poderíamos mesmo elevar estes fenómenos a absoluto e dispensar-nos de recorrer às incompreensíveis coisas em si, se a razão prática, reveladora do dever, não interviesse à maneira da reminiscência platónica para nos advertir de que a coisa em si existe, invisível e presente. O que domina toda esta teoria é a distinção muito nítida entre a matéria do conhecimento e a sua forma, entre o homogéneo e o heterogéneo, e esta distinção capital nunca teria sido feita, sem dúvida, se não se tivesse considerado o próprio tempo como um meio indiferente àquilo que o preenche.

Mas, se o tempo, tal como a consciência imediata o perceciona, fosse como o espaço um meio homogéneo, a ciência dominá-lo-ia tal como o espaço. Ora, tentámos demonstrar que a duração enquanto duração, o movimento enquanto movimento, escapam ao conhecimento matemático, o qual retém do tempo apenas a simultaneidade, e do movimento a imobilidade. É disto que os kantianos, e até os seus adversários, não parecem ter-se apercebido: no pretenso mundo fenomenal, feito pela ciência, todas as relações que não podem traduzir-se em simultaneidade, isto é, em espaço, são cientificamente incognoscíveis.

Em segundo lugar, numa duração supostamente homogénea, os mesmos estados poderiam apresentar-se novamente, a causalidade implicaria determinação necessária e toda a liberdade se tornaria incompreensível. É nesta consequência que desemboca a *Crítica da Razão Pura*. Mas, em vez de concluir que a duração real é heterogénea – o que, ao elucidar esta segunda dificuldade, teria despertado a sua atenção para a primeira –, Kant preferiu situar a liberdade fora do tempo e erguer uma barreira insuperável entre o mundo dos fenómenos, que deixa inteiramente ao nosso entendimento, e o das coisas em si, cujo acesso nos proibiu.

Mas talvez esta distinção seja demasiado categórica e esta barreira mais fácil de transpor do que se imagina. Se, por casualidade, os momentos da duração real, percecionados por uma consciência atenta, se penetrassem, em vez de se justaporem, e se estes momentos formassem relativamente uns aos outros uma heterogeneidade no interior da qual a ideia de determinação necessária perdesse toda a espécie de significação, então o eu captado pela consciência seria uma causa livre, conhecer-nos-íamos absolutamente a nós mesmos e, por outro lado, precisamente porque este absoluto se mistura constantemente com os fenómenos e, impregnando-se deles, os penetra, estes fenómenos não seriam tão acessíveis, como se pretende, ao raciocínio matemático.

Supusemos, pois, um Espaço homogéneo e, com Kant, distinguimos este espaço da matéria que o preenche. Com ele admitimos que o espaço homogéneo é uma forma da nossa sensibilidade e por isto entendemos simplesmente que outras inteligências, as dos animais por exemplo, ao percepcionarem objetos, não os distinguem tão nitidamente, nem uns dos outros, nem deles próprios. Esta intuição de um meio homogéneo, intuição própria do homem, permite-nos exteriorizar os nossos conceitos uns relativamente aos outros, revela-nos a objetividade das coisas e, assim, pela sua dupla operação, favorecendo, por um lado, a linguagem e apresentando-nos, por outro, um mundo exterior muito distinto de nós, na perceção do qual todas as inteligências comungam, anuncia e prepara a vida social.

Perante este espaço homogéneo, situámos o eu tal como uma consciência atenta o perceciona, um eu vivo, cujos estados ao mesmo tempo distintos e instáveis não podem dissociar-se sem mudarem de natureza, nem fixar-se ou exprimir-se sem cair no domínio comum. Não devia a tentação ser grande para que este eu, que distingue tão nitidamente os objetos exteriores e os representa tão facilmente por símbolos, introduzisse no interior da sua própria existência a mesma discriminação e substituísse a penetração íntima destes estados psíquicos, a sua multiplicidade totalmente qualitativa, por uma pluralidade numérica de termos que se distinguem, se justapõem e se exprimem por palavras? Em vez de uma duração heterogénea, cujos momentos se penetram, teremos então um tempo homogéneo, cujos momentos se alinham no espaço. Em vez de uma vida interior cujas fases sucessivas, cada qual única no seu género, são incomensuráveis com a linguagem, obteremos um eu recomponível artificialmente e estados psíquicos simples que se agregam e desagregam como o fazem as letras do alfabeto para formar palavras. E isto já não será apenas um modo de representação simbólica, porque a intuição imediata e o pensamento discursivo são um só na realidade concreta, e o mesmo mecanismo através do qual antes explicávamos a nossa conduta acabará por governá-la. Os nossos estados psíquicos, separando-se então uns dos outros, solidificar-se-ão; entre as nossas ideias assim cristalizadas e os nossos movimentos exteriores formar-se-ão associações estáveis; e pouco a pouco, porque a nossa consciência imita o processo pelo qual a matéria nervosa obtém ações reflexas, o automatismo sobrepor-se-á à liberdade ([1]). É neste preciso momento que surgem os associacionistas e os deterministas, por um lado, e os kantianos, pelo outro. Como da nossa vida consciente apenas consideram o seu aspeto mais comum, percecionam estados bem definidos, capazes de se reproduzir no tempo à maneira de fenómenos físicos e aos quais a lei da determinação causal se aplica, se quisermos, no mesmo sentido que aos fenómenos da natureza. Como, por outro lado, o meio onde estes estados psíquicos se justapõem apresenta partes exteriores umas às outras, onde os mesmos factos parecem suscetíveis de se reproduzir novamente, não hesitam em fazer do tempo um meio homogéneo e em tratá-lo como espaço. A partir de então, é abolida toda a diferença entre a duração e a extensão, entre a sucessão e a simultaneidade; não há outro remédio senão proscrever a liberdade, ou, se a respeitarmos por escrúpulo moral, reconduzi-la com muitas atenções ao domínio intemporal das coisas em si, cujo limiar misterioso a nossa consciência não ultrapassa. Mas, na nossa opinião, ainda se pode optar por uma terceira via: seria a de nos referirmos pelo pensamento aos momentos da nossa existência em que tomámos uma decisão grave, momentos únicos no seu género, que não voltarão a produzir-se, tal

([1]) Renouvier já falara destes atos voluntários comparáveis a movimentos reflexos, tendo limitado a liberdade aos momentos de crise. Mas parece não ter observado que o processo da nossa atividade livre prossegue, de algum modo, sem nós sabermos, em todos os momentos da duração, nas obscuras profundidades da nossa consciência, que o próprio sentimento da duração precede daí e que sem esta duração heterogénea e indistinta em que o nosso eu evolui não haveria crise moral. Portanto, o estudo, mesmo aprofundado, de uma ação livre dada não poderá resolver o problema da liberdade. É toda a toda dos nossos estados de consciência heterogéneos que há que ter em conta. Por outras palavras, era numa análise atenta da ideia de duração que se deveria ter procurado a chave do problema.

como, para um povo, não voltarão as fases desaparecidas da sua história. Veríamos que, se estes estados passados não se podem exprimir adequadamente por palavras, nem reconstituir artificialmente por uma justaposição de estados mais simples, é porque representam, na sua unidade dinâmica e na sua multiplicidade totalmente qualitativa, fases da nossa duração real e concreta, da duração heterogénea, da duração viva. Veríamos que, se a nossa acção nos pareceu livre, foi porque a relação desta ação com o estado donde derivou não podia exprimir-se mediante uma lei, visto que tal estado é único no seu género e jamais se deve reproduzir. Veríamos, finalmente, que a própria ideia de determinação necessária perde aqui toda a espécie de significação, que não se trata nem de prever o ato antes de se realizar, nem de raciocinar sobre a possibilidade da ação contrária uma vez realizado, porque proporcionar a si todas as condições é, na duração concreta, colocar-se no próprio momento do ato, e não já prevê-lo. Mas também compreenderíamos em virtude de que ilusão uns se julgam obrigados a negar a liberdade e os outros a defini-la. É porque se passa por graus insensíveis da duração concreta, cujos elementos se penetram, para a duração simbólica, cujos momentos se justapõem e, por consequência, da atividade livre para o automatismo consciente. É porque, se somos livres sempre que quisermos entrar dentro de nós mesmos, raramente tem lugar tal querer. Por fim, é porque, mesmo nos casos em que a ação é livremente realizada, não se pode raciocinar a seu respeito sem lhe desdobrarmos as condições exteriormente umas às outras, no espaço, e não na pura duração. O problema da liberdade nasceu, pois, de um mal-entendido: foi para os modernos o que, para os antigos, foram os sofismas da escola de Eleia e, tal como estes sofismas, tem a sua origem na ilusão pela qual se confunde sucessão e simultaneidade, duração e extensão, qualidade e quantidade.

# Índice

## TEXTOS FILOSÓFICOS

1. *Crítica da Razão Prática*, Immanuel Kant
2. *Investigação sobre o Entendimento Humano*, David Hume
3. *Crepúsculo dos Ídolos*, Friedrich Nietzsche
4. *Discurso de Metafísica*, Immanuel Kant
5. *Os Progressos da Metafísica*, Immanuel Kant
6. *Regras para a Direcção do Espírito*, René Descartes
7. *Fundamentação da Metafísica dos Costumes*, Immanuel Kant
8. *A Ideia da Fenomenologia*, Edmund Husserl
9. *Discurso do Método*, René Descartes
10. *Ponto de Vista Explicativo da Minha Obra de Escritor*, Sören Kierkegaard
11. *A Filosofia na Idade Trágica dos Gregos*, Friedrich Nietzsche
12. *Carta sobre a Tolerância*, John Locke
13. *Prolegómenos a Toda a Metafísica Futura*, Immanuel Kant
14. *Tratado da Reforma do Entendimento*, Bento de Espinosa
15. *Simbolismo: Seu Significado e Efeito*, Alfred North Withehead
16. *Ensaio sobre os Dados Imediatos da Consciência*, Henri Bergson
17. *Enciclopédia das Ciência Filosóficas em Epítome (Vol. I)*, Georg Wilhelm Friedrich Hegel
18. *A Paz Perpétua e Outros Opúsculos*, Immanuel Kant
19. *Diálogo sobre a Felicidade*, Santo Agostinho
20. *Princípios da Filosofia do Futuro*, Ludwig Feuerbach
21. *Enciclopédia das Ciência Filosóficas em Epítome (Vol. II)*, Georg Wilhelm Friedrich Hegel
22. *Manuscritos Económico-Filosóficos*, Karl Marx
23. *Propedêutica Filosófica*, Georg Wilhelm Friedrich Hegel
24. *O Anticristo*, Friedrich Nietzsche
25. *Discurso sobre a Dignidade do Homem*, Giovanni Pico della Mirandola
26. *Ecce Homo*, Friedrich Nietzsche
27. *O Materialismo Racional*, Gaston Bachelard
28. *Princípios Metafísicos da Ciência da Natureza*, Immanuel Kant
29. *Diálogo de um Filósofo Cristão e de um Filósofo Chinês*, Nicholas Malebranche
30. *O Sistema da Vida Ética*, Georg Wilhelm Friedrich Hegel
31. *Introdução à História da Filosofia*, Georg Wilhelm Friedrich Hegel
32. *As Conferências de Paris*, Edmund Husserl
33. *Teoria das Concepções do Mundo*, Wilhelm Dilthey
34. *A Religião nos Limites da Simples Razão*, Immanuel Kant
35. *Enciclopédia das Ciência Filosóficas em Epítome (Vol. III)*, Georg Wilhelm Friedrich Hegel
36. *Investigações Filosóficas sobre a Essência da Liberdade Humana*, F. W. J. Schelling
37. *O Conflito das Faculdades*, Immanuel Kant
38. *Morte e Sobrevivência*, Max Scheler
39. *A Razão na História*, Georg Wilhelm Friedrich Hegel
40. *O Novo Espírito Científico*, Gaston Bachelard
41. *Sobre a Metafísica do Ser no Tempo*, Henrique de Gand
42. *Princípios de Filosofia*, René Descartes
43. *Tratado do Primeiro Princípio*, João Duns Escoto
44. *Ensaio sobre a Verdadeira Origem, Extensão e Fim do Governo Civil*, John Locke
45. *A Unidade do Intelecto contra os Averroístas*, São Tomás de Aquino
46. *A Guerra e A Queixa da Paz*, Erasmo de Roterdão
47. *Lições sobre a Vocação do Sábio*, Johann Gottlieb Fichte
48. *Dos Deveres (De Officiis)*, Cícero
49. *Da Alma (De Anima)*, Aristóteles
50. *A Evolução Criadora*, Henri Bergson
51. *Psicologia e Compreensão*, Wilhelm Dilthey
52. *Deus e a Filosofia*, Étienne Gilson
53. *Metafísica dos Costumes, Parte I, Princípios Metafísicos da Doutrina do Direito*, Immanuel Kant
54. *Metafísica dos Costumes, Parte II, Princípios Metafísicos da Doutrina da Virtude*, Immanuel Kant
55. *Leis. Vol. I*, Platão
58. *Diálogos sobre a Religião Natural*, David Hume
59. *Sobre a Liberdade*, John Stuart Mill
60. *Dois Tratados do Governo Civil*, John Locke
61. *Nova Atlântida/A Grande Instauração*, Francis Bacon
62. *Do Espírito das Leis*, Montesquieu